法律专家为民说法系列丛书

法律专家
教您如何买卖房屋不上当

李英霞 编著

吉林文史出版社

图书在版编目（CIP）数据

法律专家教您如何买卖房屋不上当 / 李英霞编著
. — 长春：吉林文史出版社，2015.3
（法律专家为民说法系列丛书 / 张宏伟，吴晓明主编）

ISBN 978-7-5472-2736-7

Ⅰ. ①法… Ⅱ. ①李… Ⅲ. ①房屋－买卖合同－案例－中国 Ⅳ. ①D923.65

中国版本图书馆 CIP 数据核字 (2015) 第 043912 号

法律专家教您如何买卖房屋不上当

编　　著	李英霞
责任编辑	李相梅
责任校对	宋茜茜
丛书主编	张宏伟　吴晓明
封面设计	清　风
美术编辑	李丽薇
出版发行	吉林文史出版社(长春市人民大街4646号)
	全国新华书店经销
印　　刷	三河市祥宏印务有限公司
开　　本	720mm×1000mm　1/16
印　　张	12
字　　数	100 千字
标准书号	ISBN 978-7-5472-2736-7
版　　次	2015 年 7 月第 1 版
印　　次	2018 年 6 月第 3 次
定　　价	35.00 元

如发现印装质量问题,影响阅读,请与印刷厂联系调换。

法律专家为民说法系列丛书

编委会

主　编：

张宏伟　　吴晓明

副主编：

马宏霞　　孙志彤

编　委：

迟　哲	赵　溪	刘　放	郝　义
迟海英	万　菲	秦小佳	王　伟
于秀生	李丽薇	张　萌	胡金明
金　昊	宋英梅	张海洋	韩　丹
刘思研	邢海霞	徐　欣	侯婧文
胡　楠	李春兰	李俊焘	刘　岩
刘　洋	高金凤	蒋琳琳	边德明

PREFACE

【前 言】

　　随着社会的发展和社会经济制度的改革，我国在住房制度上发生了很大的变化，并在市场中出现了多种类别的房屋。同时，我国规范房屋权属及其买卖的法律规范又是纷繁复杂，实践中，"一房多卖"、开发商虚假承诺等严重损害消费者合法权益的现象层出不穷，同时，假离婚等规避的现象也屡见不鲜。那么，一般民众在房屋买卖中如何防止发生纠纷、防止上当受骗，是当前亟须解决的问题。出于这样的目的，我们组织编写了《法律专家教您如何买卖房屋不上当》一书。

　　房屋买卖法律风险具有其独特性：一是，涉及主体的多元性。房屋买卖过程中，涉及开发商、房屋的出卖人、买受人、中介机构等多元主体，主体的多元性决定了房屋买卖风险的复杂性。二是，涉及法律法规的复杂性。一方面，房屋买卖过程中，基于买卖关系、居间关系等多重法律关系，基于买卖合同、居间合同、抵押合同、贷款合同等多样法律事实，房屋买卖要受到《民法》《合同法》《房地产管理法》等法律,《城市房地产经营管理条例》等行政法规,以及《最高人民法院〈关于审理商品房买卖合同纠纷案件适用法律若干问题的解释〉》等法律法规的调整和规范。三是,受国家政策影响的不可预见性。房屋作为一种特殊的商品,属于国家宏观调控的重要对象,受国家政策的影响比较大,不可预见性比较高。四是,买方的弱势性。由于买卖双方在房屋买卖过程中的信息不对称,尤其是在商品房买卖过程中,买方处于弱势地位,属于弱势群体。五是,房屋类别的多样性。随着我国住房制度的改革,商品房、经济适用房、公有住房、小产权房等多种性质的房屋类别并存,这也增加了房屋买卖的识别难度和法律风险。

本书以问题为引导,采取"以案说法",法律专家支招的编写形式,按照房屋的类型分为4篇、94个问题来展开论述。第一篇"房屋的类别"介绍了我国现存的四种房屋类别即商品房、经济适用房、小产权房、公有住房。第二篇"商品房买卖",从法律规范、买卖技巧等方面进行介绍。同时也关注了当前房屋买卖中的热点问题,比如"买房可无条件入读名校"的法律属性问题。第三篇"二手房买卖",围绕二手房买卖过程中的权利义务问题进行了全面深入的讨论。第四篇"特殊房屋买卖",主要围绕经济适用房、小产权房、城镇居民购买农民在宅基地上建设的房屋等问题进行了深入浅出的探讨。

本书既可以作为专家学者、在校法律专业学生的教学研究用书,也可以作为法律实务界从业人员的业务指导用书,最主要的还是面向普通老百姓在面对房屋买卖问题时的一本工具书。

目 录
CONTENTS

第三篇 二手房买卖

第四篇　特殊房屋买卖

第一篇

房屋的类别

1.什么是商品房？

商品房是指由房地产开发企业开发建设的，作为商品进入房地产交易市场，可以进行自由交易，并转移其所有权的住宅、商业用房及其附属物。

2.什么是经济适用房？

《经济适用住房管理办法》第二条规定：本办法所称经济适用住房，是指政府提供政策优惠，限定套型面积和销售价格，按照合理标准建设，面向城市低收入住房困难家庭供应，具有保障性质的政策性住房。

经济适用房是具有社会保障性质的商品住宅，它是由国家统一下达计划，面向城市低收入住房困难家庭提供，用地实行由地方政府行政划拨方式，免收土地出让金、对各种经批准的收费实行减半征收，限定套型面积和销售价格，按照合理标准建设的，具有经济性和适用性特点的保障性政策性住房。

3.什么是小产权房？

"小产权房"也叫作"乡产权房"，它不是法律概念，是人们在社会实践中形成的一种约定俗成的称谓。所谓"小产权房"是指在农民集体所有的土地上建设的，面向该集体组织之外的不特定人员进行销售的房屋。由于该房屋未缴纳土地出让金等费用，无法取得由城市房产管理部门办理的产权证，而是由乡政府或村委会颁发证明买受人对房屋产权的证明，并非真正的产权。这种房没有国家颁发的土地使用证和预售许可证，购房合同国土房管局也不会给予备案。即时取得所谓的产权证也不是真正合法有效的产权证。

4.什么是公有住房？

公有住房也称公房，国有住宅。它是指由国家以及国有企业、事业单位投资兴建、销售的住宅，在住宅未出售之前，住宅的产权（拥有权、占有权、处分权、收益权）归国家所有。

第二篇

商品房买卖

5.商品房预售应当具备什么条件?

案例:

2005 年 2 月 20 日,兴达会计师事务所与顺丰房地产公司签订了一份商品房预售合同,购买了一套办公楼。顺丰房地产公司在签订合同时,出示了该办公楼的建设用地许可证、建设工程规划许可证、施工许可证和商品房预售许可证。兴达会计师事务所按照合同的约定支付了房屋价款。2005 年 3 月,顺丰房地产公司按照约定将房屋交付给兴达会计师事务所,但是由于欠付土地出让金未能取得土地使用权证,不能在交付房屋的同时将土地使用权转移给兴达会计师事务所。兴达会计师事务所起诉到法院,认为顺丰房地产公司在没有取得土地使用权证的情况下预售商品房,不符合商品房预售的条件,因此主张双方的商品房预售合同无效,要求顺丰房地产公司返还房款并赔偿损失。

问:商品房预售应当具备什么条件?

专家解析:

商品房预售是一种特殊的买卖行为。《商品房销售管理办法》和《城市商品房预售管理办法》规定:商品房预售,是指房地产开发企业将正在建设中的商品房预先出售给买受人,并由买受人支付定金或者房价款的行为。

《城市房地产开发经营管理条例》第二十三条规定,房地产开发企业预售商品房，应当符合下列条件:(一) 已交付全部土地使用权出让金,取得土地使用权证书;(二)持有建设工程规划许可证和施工许可证;(三)按提供的预售商品房计算,投入开发建设的资金达到工程建设总投资的 25% 以上,并已确定施工进度和竣工交付日期;(四)已办理预售登记,取得商品房预售许可证明。《中华人民共和国城市房地产管理法》《商品房销售管理办法》《城市商品房预售管理办法》中也都确定了这一基本要求。但是,在上述法律法规中都没有明确该条件是商品房预售合同生效的必备要件。

根据《城市房地产开发经营管理条例》第二十四条的规定,办理上述第(四)项商品房预售许可证,需要提交上述(一)至(三)项的证明材料。商品房预售许可证的签发机关有实质审查的义务。而法院对于商品房预售合同的效力认定问题, 关于商品房预售许可证的真实性只负有形式审查的义务。也就是说,当房地产开发商拥有行政机关签发的合法的商品房预售许可证, 法院即可认定房地产开发商具备商品房预售的主体资格,预售合同有效。对于违约行为,只能追究相应的违约责任,不能主张合同无效。

专家支招:

本案中,顺丰房地产公司在没有取得土地使用权证的情况下,取得了商品房预售许可证,虽然存在行政违法行为,但是不影响当事人之间商品房预售合同的效力。因此,法院不能支持兴达会计师事务所关于合同无效的主张。但是,顺丰房地产公司不能按照约定转移土地使用权,属于违约行为,应当承担相应的违约责任,兴达会计师事务所可以要求顺丰房地产公司实际履行并赔偿相应的损失。

6.购房中的"五证""两书"是指什么?

案例:

小王准备结婚,正商量着买套新房用于结婚使用,和女朋友看过了多家地产楼盘,面对售楼员介绍和承诺的"五证""两书",小王总是觉得不是很清楚,"五证""两书"究竟有什么作用呢?

专家解析:

"五证"指国有土地使用证、建设用地规划许可证、建设工程规划许可证、建设工程施工许可证、商品房销售(预售)许可证。"两书"指《商品房质量保证书》和《商品房使用说明书》。

(1)《国有土地使用证》

经土地使用者申请,由城市各级人民政府颁发的国有土地使用权的法律凭证。该证主要载明土地使用者名称、土地坐落、用途、土地使用面积、使用年限、"四至"范围等。

(2)《建设用地规划许可证》

建设单位向土地管理部门申请征用划拨土地前,经城市规划行政主管部门确认,该项目符合城市规划的法律凭证。

(3)《建设工程规划许可证》

有关建设工程符合城市规划需求的法律凭证。

(4)《建设工程施工许可证》(《建设工程开工证》)

建设单位开始进行工程施工的法律凭证，也是房屋权属登记的主要依据之一，没有开工证的建筑属违章建筑，不受法律保护。

(5)《商品房销售(预售)许可证》

市、县人民政府房地产管理部门允许房地产开发企业销售商品房的批准性文件。

"两书"是开发商在竣工验收合格后通知买房人收房时提供的两份法律文件，一个是《商品房质量保证书》，另一个是《商品房使用说明书》。商品房竣工交付使用时，开发商未按规定发放"两书"的，将按建设部 2000 年 3 月 29 日令第 77 号第二十三条规定进行处罚："企业在商品住宅销售中不按照规定发放'两书'的，由原资质审批部门予以警告、责令限期改正、降低资质等级，并可处以 1 万元以上 2 万元以下的罚款"。

《商品房质量保证书》约定的是商品房的保修范围、保修期限和保修责任。通常包括工程质量监督部门核验的等级、在使用年限内承担的保修责任，正常使用情况下各部件的保修期等。其他部位或者部件的保修时间可以由房地产开发商和买房人约定。《商品房质量保证书》作为商品房销售合同的附件，与合同具有同等法律效力。

专家支招：

特别要提醒买房人的是，在签订购房合同前，一定要查看"五证"的原件，要确定您所购买的房屋是否具备相应的出售条件，以确保将来顺利地办理产权证。

7.房地产开发公司在没有取得商品房预售许可证的情况下进行的销售行为效力如何？买受人的权利如何得到救济？

案例：

2003年11月5日，某开发商取得了某小区的土地出让使用权，并办了建设工程规划许可证和施工许可证，其中的民用住宅楼已经办理了商品房预售许可证，开始预售，有一栋为商住两用楼，建设工程已经过半，正在办理预售许可证。开发商为了回笼资金，将尚未取得预售许可证的商住两用楼预售给了30户人家，并收取了房款总额的30%首付款1200万元。约定在商品房预售许可证取得之日起30天内，购房人配合售房人办理银行按揭手续。半年后，由于该地区规划成为商业区，房价上升了40%。开发商见利忘义，在能够办理商品房预售许可证的情况下不给购房户办理，并于2004年6月24日向法院提起诉讼，以开发商签订合同时不具备法律规定的商品房预售条件，没有办理预售许可证，违反了《中华人民共和国城市房地产管理法》及相关法律的强制性规定为由，要求法院确认商品房购销合同无效，返还被告预付款。

专家解析：

《城市商品房预售管理办法》第六条规定：商品房预售实行预售许可制度。开发企业进行商品房预售，应当向房地产管理部门申请预售许可，取得《商品房预售许可证》。第九条规定：开发企业进行商品房预售，应当向承购人出示《商品房预售许可证》。售楼广告和说明书应当载明《商品房预售许可证》的批准文号。商品房预售许可证是开发企业进行商品房预售的前提，也是签订商品房预售合同的前提。

最高人民法院《关于审理商品房买卖合同纠纷案件适用法律若干

问题的解释》第二条规定:出卖人未取得商品房预售许可证明,与买受人订立的商品房预售合同,应当认定无效,但是在起诉前取得商品房预售许可证明的,可以认定有效。

房地产开发商在没有取得商品房预售许可证的情况下,销售房屋本身存在过错,那么,买受人在明知开发商不具备预售商品房资格的情况下自愿购买房屋,如何处理? 当合同被确定为无效合同时,买受人的权利又该如何得到救济? 此时,买受人本身对于合同的无效也存在过错。根据《合同法》第五十八条规定:合同无效或者被撤销后,因该合同取得的财产,应当予以返还;不能返还或者没有必要返还的,应当折价补偿。有过错的一方应当赔偿对方因此所受到的损失,双方都有过错的,应当各自承担相应的责任。

专家支招:

本案中,房地产开发商在没有取得商品房预售许可证的情况下,双方的商品房买卖合同属于无效合同。合同被确定无效的情况下,双方都存在过错,开发商只需返还买受人支付的购房款及其利息,无需承担其他赔偿责任。

8.房地产开发公司故意隐瞒没有取得商品房预售许可证的事实,销售行为效力如何? 买受人的权利如何救济?

案例:

2008 年 8 月 20 日,张某和某房地产开发公司签订了商品房买卖合同。该房地产开发公司向张某出示了伪造的商品房预售许可证。合同中约定,房屋总价款为 80 万元,合同签订之日,张某向房地产开发公司交付 30 万元首付款。房地产开发公司于 2008 年 12 月 30 日前交付房屋。合同签订后，张某按照合同约定交付了 30 万元首付款。2008 年 10 月 10 日，张某发现该房地产开发公司尚未取得商品房预售许可证的事实。张某将该房地产开发公司起诉至法院，主张合同无效，并要求赔偿损失。

专家解析：

关于房地产开发公司在尚未取得预售许可证的情况下，商品房买卖合同的效力问题在上一个案例中已经做出了分析。在起诉前仍未取得商品房预售许可证的情况下，买卖合同无效。

房地产开发商故意隐瞒未取得预售许可证的事实或者虚构已经取得预售许可证的事实，如何来救济买受人的权利？最高人民法院《关于审理商品房买卖合同纠纷案件适用法律若干问题的解释》第九条规定：出卖人订立商品房买卖合同时，具有下列情形之一，导致合同无效或者被撤销、解除的，买受人可以请求返还已付购房款及利息、赔偿损失，并可以请求出卖人承担不超过已付购房款一倍的赔偿责任：（一）故意隐瞒没有取得商品房预售许可证明的事实或者提供虚假商品房预售许可证明。……也就是说，在买受人对于房地产开发商尚未取得预售许可证毫不知情的情况下，房地产开发商存在严重的欺诈行为，适用双倍返还的罚则。

专家支招：

本案中，张某的诉讼请求能够得到法院的支持。双方之间的商品房买卖合同无效，该房地产开发公司应当双倍返还张某的首付款，即 60 万元。

9.商品房预售合同登记备案的性质和效力如何?

案例:

2008 年 9 月 12 日,杨女士和某房地产开发公司签订了一份商品房预售合同。约定,杨女士购买该房地产开发公司预售的某小区住宅一套,并于 2009 年 12 月 31 日前交房。合同签订后,杨女士按照合同的约定支付了全部购房款。2009 年 12 月 31 日,杨女士要求开发商交付该房屋。开发商以该商品房预售合同未经备案为由,主张合同无效,拒绝交付房屋,返还杨女士已经支付的购房款及相应的利息。

专家解析:

《城市房地产管理法》第四十五条第二款规定:商品房预售人应当按照国家有关规定将预售合同报县级以上人民政府房产管理部门和土地管理部门登记备案。《城市房地产开发经营管理条例》规定:房地产开发企业应当自商品房预售合同签订之日起 30 日内,到商品房所在地的县级以上人民政府房地产开发主管部门和负责土地管理工作的部门备案。商品房预售合同的登记备案属于一种预告登记制度,使得买受人取得了法律上的期待权以及对于第三人的抗辩权。

但是,商品房预售合同登记备案并不是商品房预售合同的生效要件。也就是说,是否登记备案并不影响商品房预售合同的效力。最高人民法院《关于审理商品房买卖合同纠纷案件适用法律若干问题的解释》

第六条规定：当事人以商品房预售合同未按照法律、行政法规规定办理登记备案手续为由，请求确认合同无效的，不予支持。当事人约定以办理登记备案手续为商品房预售合同生效条件的，从其约定，但当事人一方已经履行主要义务，对方接受的除外。

专家支招：

　　本案中，开发商与杨女士之间的商品房预售合同有效，开发商应当按照合同的约定交付房屋。杨女士可以先找开发商协商，在协商不成的情况下，可以向人民法院提起诉讼，要求开发商继续履行合同，按照合同约定交付房屋。开发商以未办理登记备案为由主张商品房预售合同无效的诉讼请求不能得到法院的支持。

10.商品房的预售合同是否可以转让？

❊　　❊　　❊

案例：

　　2010年10月10日，王先生与万恒房地产开发公司签订了商品房预售合同，并按照合同的约定，支付了首付款，在中国建设银行办理了商品房担保贷款手续。预售合同中约定，万恒房地产开发公司在2011年5月交付房屋。2011年2月，王先生因为移民，将该房屋转让给刘女士，双方签订了预售商品房转让协议。

专家解析：

　　我国《城市房地产管理法》第四十六条规定："商品房预售的，商品房预购人将购买的未竣工的预售商品房再行转让的问题，由国务院规定。"由此可见,我国法律是允许预购人将预售的商品房再行转让,但是转让是有条件的。

商品房预售合同的转让是指商品房预购人将购买的未竣工的预售商品房再行转让他人的行为。从合同变更的角度看,这种转让只变更预售合同的主体,预售合同的内容不发生变化。也就是说,商品房预购人将原预售合同的权利义务一并转让给第三人,使第三人与预售人之间设立新的民事法律关系,预售人与原预购人之间的民事法律关系解除。

预售合同转让应当具备下列条件:(1)预售合同必须合法有效。最高人民法院民(1996)2号文件第二十八条规定:"商品房的预售合同无效的,预售商品房的转让合同,一般也应当认定无效。"(2)预售合同必须是经过登记备案的。未登记备案的预售合同不得转让。(3)预售合同转让的标的物必须是尚未竣工的,正在建设中的预售商品房,如果转让的标的物已经竣工验收,预购方已经实际取得预售商品房产权后,将商品房再转让给他人,不是预售合同转让,应按一般房屋买卖关系处理。(4)转让人必须是经过登记备案的预售合同中的商品房的买受人。(5)预售合同转让,转让人(商品房预购人)和受让人必须签订转让合同,不必重新签订新预售合同。(6)预售合同转让,无需征得商品房预售人的同意,但事后应及时通知预售人,使其正确履行合同。

另外,如果转让人在预售商品房中有银行贷款,那么,根据《担保法》第四十九条的规定,抵押期间,抵押人转让已经办理登记的抵押物的,应当通知抵押权人并告知受让人转让物已经抵押的情况;抵押人未通知抵押权人或者未告知受让人的,转让行为无效。实践中,为了避免因银行贷款而造成的转让困难,转让人(预购人)多会先周转资金还清银行贷款,再行转让。

预售商品房转让的程序:预售人、转让人和新预购人持经登记备案的原商品房预售合同和转让双方新签订的预售转让合同及预售方或银行出具的已付足约定的预购款的证明文书,到标的物所在地房产管理部门办理转让合同登记备案手续,对符合转让条件的,房地产管理部门可予以转让登记。同时办理原预售合同的更名手续,明确预售方向受让人履行原预售合同的标的物。若需再次转让者,仍按上述手续办理。经过最后转让登记的受让人,为预售后竣工的商品房产权人。

专家支招:

本案中,王先生将房屋转让给刘女士的行为是合法的。王先生应当事先还清中国建设银行的贷款或者征得中国建设银行的同意并告知刘女士房屋抵押的事实;双方签订房屋转让协议后,应当同万恒房地产开发公司一同到房地产管理部门办理转让登记手续;刘女士有权要求万恒房地产开发公司履行合同中的全部义务。

11.商品房预售中出现"一房两卖"行为如何认定?

案例:

2009年1月,南阳市民韩某在郑东新区看上一处商品房。在与开发商郑州兴东置业有限公司谈好价钱后,签订了两份商品房预售协议。合同载明:双方于2009年3月31日签订《商品房买卖合同》,同时付清银行规定的首付款。在该格式合同的最后,双方特别约定:韩某于2009年

1月20日前支付房款的30%（含定金），于2009年3月31日前支付房款的20%，该特别约定是甲方售楼人员用水笔手写于打印好的合同尾页最下方。后来韩某依照约定，于签约当日向兴东置业有限公司交付两份合同约定的购房定金50万元。随后，她又分三次付清了合同该规定的房价50%的首付款。兴东置业公司在开出发票后将原件留存，只给韩某了一份发票复印件。

然而，在韩某的再三催促下，兴东置业迟迟不肯签订正式的《商品房买卖合同》。经再三询问，兴东置业称银行规定的首付款为60%，因韩某尚未交够，故不予签订合同。但韩某认为，《预售协议》上特别约定的首付款为50%，她还超额交付0.53%，兴东置业应当先与其签订正式合同后，再行解决银行首付款问题。7月，韩某突然得知自己支付了大部分房款的房屋，已经被兴东置业公司高价卖给了他人。韩某到税务局查询，发现原来为自己开具的税务发票被兴东置业作废，又给其他人开具了发票。韩某与兴东置业多次交涉，要求继续履行预售协议，签订正式合同，均遭对方拒绝。韩某四处投诉，她所购楼盘被郑东新区房管局"冻结"。不久，开发商兴东置业将韩某诉至法院，称韩某没有如期交够银行按揭首付所要求的购房款的60%，违约在先。韩某则到法院反诉开发商"一房二卖"，严重欺诈了消费者。经法院审理查明，兴东置业有限公司于2009年12月22日与另一买主签订了正式的《商品房买卖合同》，此次交易价格比与韩某所签的合同房价高出160余万元。

郑州高新技术产业开发区人民法院一审判决：郑州兴东置业有限公司的行为属于"一房二卖"，解除2009年1月该公司与韩某签订的两份预售协议，兴东置业返还韩某已付购房款3938044元及利息，并赔偿韩某330万元。

专家解析：

"一房二卖"，指出卖人先后以两个买卖合同，将同一特定的房屋出卖给两个不同的买受人，又称房屋的二重买卖。这里面存在两个法律关系问题：一是，买卖合同的债权法律关系；二是，房屋所有权归属的物权法律关系。最高人民法院《关于审理商品房买卖合同纠纷案件适用法律若干问题的解释》对于"一房二卖"做了专门的规定，这里首先要明确的是，解释的第一条规定，本解释所称的商品房买卖合同，是指房地产开发企业（以下统称为出卖人）将尚未建成或者已竣工的房屋向社会销售并转移房屋所有权于买受人，买受人支付价款的合同。也就是说，这里的"一房二卖"的卖方，只能是房地产开发企业。

对"一房二卖"纠纷，实务中根据买卖合同的顺序和房屋产权变更情况的不同，应分别予以不同的处理：

（1）在"一房二卖"中，出卖人先后与两个不同的买受人订立买卖合同后，买受人均为善意，后一买受人对于房屋已经出卖的事实并不知情，出卖人对后买受人履行了合同义务，办理了房产过户登记手续的情形。

"一房二卖"中，这种情形最为普遍。首先，我们来分析一下两个房屋买卖合同的效力问题。两个买卖合同中，买受人均为善意的，出卖人和买受人就房屋的各项内容达成一致，意思表示真实，两个合同均为有效合同，债权债务关系均应受到法律保护。其次，我们来分析一下房屋所有权的问题，因为出卖人已经向后一买受人履行了合同规定的义务，办理了产权变更登记手续，房屋的所有权归后一买受人所有。后一买受人基于物权的实现债权已经完全实现。而后一买受人物权的实现意味着前一买受人的物权无法实现。此时，前后两个买受人享有的请求权性质是不同的：后一买受人因其债权已得到满足，已经是该房屋的所有权人，故其享有的是基于对该房屋所有权上产生的物权请求权。前一买受人享有的是基于房屋买卖合同产生的债权请求权。

《合同法》第一百零七条"当事人一方不履行合同义务或者履行合同义务不符合约定的，应当承担继续履行、采取补救措施或者赔偿损失等违约责任"的规定，对债权得不到满足的买受人承担赔偿损失的责任。基于后一买受人物权的实现，前一买受人要求出卖人继续履行已经不可能，依据《合同法》第一百一十条第（一）项的规定，出卖人对买受人不履行非金钱债务或者履行非金钱债务不符合约定的，在法律上或者事实上不能履行情况下，买受人不得要求履行。因此，前一买受人只能要求出卖人承担赔偿损失的违约责任。最高人民法院《关于审理商品房买卖合同纠纷案件适用法律若干问题的解释》第八条规定：具有下列情形之一的，导致商品房买卖合同目的不能实现的，无法取得房屋的买受人可以请求解除合同、返还已付购房款及利息、赔偿损失，并可以请求出卖人承担不超过已付购房款一倍的赔偿责任：（一）商品房买卖合同订立后，出卖人未告知买受人又将该房屋抵押给第三人；（二）商品房买卖合同订立后，出卖人又将该房屋出卖给第三人。

（2）在"一房二卖"中，后一买受人明知出卖人已与前一买受人就特定房屋订立买卖合同，仍与出卖人就该房屋订立买卖合同的情形，怎么处理？

最高人民法院《关于审理商品房买卖合同纠纷案件适用法律若干问题的解释》第十条规定：买受人以出卖人与第三人恶意串通，另行订立商品房买卖合同并将房屋交付使用，导致其无法取得房屋为由，请求确认出卖人与第三人订立的商品房买卖合同无效的，应予支持。根据该司法解释，后一买受人明知出卖人已与前一买受人就特定房屋订立买卖合同，主观上出卖人与后一买受人之间存在恶意串通，损害前一买受人的合法权益，致使前一买受人的房屋买卖合同目的无法实现，因此，属于无效合同。

专家支招：

本案中，对于前一买受人韩某的诉讼请求，法院的判决是正确的。在无法行使对该房屋的物权请求权，无法取得房屋所有权的情况下，法院判决开发商返还韩某购房款的本金与利息，同时承担不超过购房款一倍的赔偿责任是符合法律规定的。

"一房二卖"中，出卖人总以为自己会占到便宜，殊不知最后通常是"赔了夫人又折兵"。因此，从出卖人的角度，买卖房屋一定要慎重，同时更应该诚信，这既是对他人利益的维护，也是对自身利益的保护；从买受人的角度，一是要对房屋是否存在其他买卖关系做全面了解；二是合同条款必须明确具体，尤其是关于房屋价款、付款方式及产权转让手续的约定。

12.开发商迟延交房，如何承担违约责任？

案例：

2012年9月10日，刘某与某开发商签订了《商品房买卖合同》，购买了该开发商开发的一处商业网点。双方约定：房屋总价款为260万元,刘某在合同签订之日交付首付款 100 万元,在 2012 年 10 月 10 日前交付余款。开发商于 2012 年 12 月 31 日前交付房屋。合同签订后,刘某按照合同的约定支付了全部款项。开发商因为资金问题,于 2013 年 6 月 30 日才交房。请问:刘某应当如何追究开发商迟延交房的违约责任?

专家解析:

最高人民法院《关于审理商品房买卖合同纠纷案件适用法律若干问题的解释》第十七条规定:商品房买卖合同没有约定违约金数额或者损失赔偿额计算方法,违约金数额或者损失赔偿额可以参照以下标准确定:逾期付款的,按照未付购房款总额,参照中国人民银行规定的金融机构计收逾期贷款利息的标准计算。逾期交付使用房屋的,按照逾期交付使用房屋期间有关主管部门公布或者有资格的房地产评估机构评定的同地段同类房屋租金标准确定。

另外,我们需要注意的是,当事人双方可以在合同中约定违约金的承担方式和数额,但是违约金并不是无限制的。最高人民法院《关于审理商品房买卖合同纠纷案件适用法律若干问题的解释》第十六条规定:当事人以约定的违约金过高为由请求减少的,应当以违约金超过造成的损失 30％ 为标准适当减少;当事人以约定的违约金低于造成的损失为由请求增加的,应当以违约造成的损失确定违约金数额。

专家支招:

本案中,因为双方当事人在合同中没有约定违约金的数额,因此,应当按照逾期交付使用房屋期间有关主管部门公布或者有资格的房地产评估机构评定的同地段同类房屋租金标准确定。以每月平均房屋租金为基数,乘以迟延交房的月份,计算出违约金的数额。

13.出卖人迟延交房,买受人是否有权解除合同?

案例:

2005年5月4日,王某从某开发商处购买了一套建筑面积为85.49平方米的商品房。合同约定,开发商在2005年12月31日前交付房屋。2005年12月31日,开发商仍未交付房屋,王某分别以电话和信函的方式催告开发商交房,直至2006年4月30日开发商仍未交房。

专家解析:

最高人民法院《关于审理商品房买卖合同纠纷案件适用法律若干问题的解释》第十五条规定:根据《合同法》第九十四条的规定,出卖人迟延交付房屋或者买受人迟延支付购房款,经催告后在三个月的合理期限内仍未履行,当事人一方请求解除合同的,应予支持,但当事人另有约定的除外。法律没有规定或者当事人没有约定,经对方当事人催告后,解除权行使的合理期限为三个月。对方当事人没有催告的,解除权应当在解除权发生之日起一年内行使;逾期不行使的,解除权消灭。根据该解释,开发商迟延交房,买受人享有解除权。解除权的行使并不是无条件无期限的。

专家支招:

对于开发商迟延交房,法律明确规定了买受人的解除权,买受人可以主张解除合同。但解除合同并非对买受人权利的最好保护方式,买受人的期待利益无法实现。因此,还是建议买受人在签订买卖合同时,通过违约金的方式,规定迟延交房的违约责任,以此来约束房地产开发公司按时履行交房义务,保证合同目的的完整实现。

14.因行政部门的原因导致房地产开发公司不能按时履行商品房预售合同中规定的义务,该原因是否属于不可抗力? 买受人的权利如何得到保护?

案例:

　　某房地产开发公司经过有关部门批准后,开发建设某某住宅小区。刘某打算在该小区购买住宅一套。刘某按照房地产开发公司的要求,填写了《订购商品房申请登记表》,该房地产开发公司在申请登记表上签署了"同意购买某某小区住宅一套,房屋总价款 50 万元人民币"的意见。郑某支付定金 4 万元。但是不久,该开发住宅所在地的市计划经济委员会、市土地管理部门、城市规划部门等共同下发文件,指定将该房地产开发公司所开发的土地使用权收回。该住宅小区建设被迫停工。郑某得知此事后,要求开发商双倍返还定金,并赔偿自己的损失。房地产开发公司认为,住宅停建是由于行政管理部门的行政行为引起的,是自己不能预见的原因,属于不可抗力,只同意返还定金,不同意双倍返还和赔偿损失。

专家解析:

　　首先,来看一下双方当事人之间买卖合同的效力。《合同法》第十三条规定:当事人订立合同,采取要约、承诺方式。第十四条规定:要约是希望和他人订立合同的意思表示,该意思表示应当符合下列规定:(一)

内容具体确定;(二)表明经受要约人承诺，要约人即受该意思表示约束。第二十一条规定:承诺是受要约人同意要约的意思表示。本案中,刘某按照房地产开发公司的要求,填写了《订购商品房申请登记表》,该行为属于要约行为。房地产开发公司在申请登记表上签署了"同意购买某某小区住宅一套,房屋总价款50万元人民币"的意见,属于承诺。《合同法》第二十五条规定:承诺生效时合同成立。本案中,双方当事人的合同关系自房地产开发商承诺时生效。

接下来,分析一下行政管理部门的原因是否属于不可抗力?首先看一下什么是不可抗力?《合同法》第一百一十七条第二款规定:本法所称不可抗力,是指不能预见、不能避免并不能克服的客观情况。那么,行政机关的干预能否认定为不可抗力? 市计划经济委员会等部门将该房地产开发公司所开发的土地使用权收回的行为, 开发公司和行政机关之间形成一种行政法律关系,该行政法律关系与开发公司和买受人之间的买卖合同的民事法律关系属于相互独立的两个法律关系, 开发公司对行政机关的行政行为有异议的,可以通过行政诉讼另行处理,但该行政法律关系不影响开发公司对买卖合同这一民事法律关系的履行。行政机关的干预不能认定为不可抗力。

接下来,分析一下定金的性质。《合同法》第一百一十五条规定:当事人可以依照《中华人民共和国担保法》约定一方向对方给付定金作为债权的担保。债务人履行债务后,定金应当抵作价款或者收回。给付定金的一方不履行约定的债务的,无权要求返还定金;收受定金的一方不履行约定的债务的,应当双倍返还定金。

最后,看一下当乙方不能履行约定义务时的后果。《合同法》第九十四条规定:有下列情形之一的,当事人可以解除合同:(一)因不可抗力致使不能实现合同目的;(二)在履行期限届满之前,当事人一方明确表示或者以自己的行为表明不履行主要债务;(三)当事人一方迟延履行主要债务,经催告后在合理期限内仍未履行;(四)当事人一方迟延履行债务或者有其他违约行为致使不能实现合同目的;(五)法律规定的其他情形。第九十七条规定:合同解除后,尚未履行的,终止履行;已经履行的,根据履行情况和合同性质,当事人可以要求恢复原状、采取其他补救措施,并有权要求赔偿损失。

专家支招

本案中,行政机关的行政干预不能认定为不可抗力,开发公司需要继续履行合同。当开发公司不能继续履行合同时,应当双倍返还郑某已经支付的定金,同时郑某有权要求解除双方之间的买卖合同并要求开发公司赔偿自己因为合同解除而造成的损失。

实践中,购房者一定要明确区分自己与开发商之间的买卖合同关系以及开发商与其他主体之间的法律关系。不能受开发商的蒙蔽,将不同的法律关系混淆在一起,进而损害自身的合法权益。

15.房地产开发公司将抵押的房屋出售,如何承担赔偿责任?

案例:

2009年12月,万恒房地产开发公司将其开发的万恒盛景小区中的一栋楼整体抵押给浦发银行并办理了相应的抵押登记。2010年1月20

日,万恒房地产开发公司将该栋楼中的一间房屋销售给李某,并未告知李某该房屋已经抵押的事实。双方签订了商品房预售合同,合同中约定,房屋总价款为85万元,合同签订之日起七日内,李某支付25.5万元的首付款,万恒房地产开发公司于2010年7月31日前将房屋交付使用。合同签订后,李某按照约定支付了25.5万元。2010年5月15日,李某得知该房屋已经抵押的事实,遂起诉至人民法院。

专家解析:

首先,我们来看一下双方之间的买卖合同是否有效。双方买卖合同的标的物有一个特殊性,就是已经被抵押并且办理了抵押登记。那么,对于已经办理抵押登记的抵押物是否可以转让?《担保法》第四十九条第一款规定:抵押期间,抵押人转让已办理登记的抵押物的,应当通知抵押权人并告知受让人转让物已经抵押的情况;抵押人未通知抵押权人或者未告知受让人的,转让行为无效。根据该法律规定,出卖人故意隐瞒房屋已经抵押的事实或者没有履行通知和告知义务,转让行为无效,继而买卖合同无效。

其次,我们来看一下,在买卖合同无效的情况下,出卖人如何赔偿买受人的损失?最高人民法院《关于审理商品房买卖合同纠纷案件适用法律若干问题的解释》第九条规定:"出卖人订立商品房买卖合同时,具有下列情形之一,导致合同无效或者被撤销、解除的,买受人可以请求返还已付购房款及利息、赔偿损失,并可以请求出卖人承担不超过已付购房款一倍的赔偿责任:(二)故意隐瞒所售房屋已经抵押的事实;……"从维护房地产交易秩序和交易公平的角度,从维护消费者作为弱势群体的合法权益,司法解释已经明确了房地产开发企业承担的具有一定惩罚性的赔偿责任。

专家支招：

本案中，因为万恒房地产开发公司隐瞒了房屋已经抵押的事实，李某和万恒公司之间的房屋买卖合同无效。开发公司除了要返还25.5万元的本金之外，还要承担不超过25.5万元的赔偿责任。

16.房地产开发公司在销售广告中的宣传是否具有法律效力？

案例：

某市某开发商在该市某公园附近开发一处楼盘，销售需要发布一则广告，主要内容是，该楼盘环境优美、空气宜人、绿地面积在3000平方米以上，并有配套的停车场且足以满足业主的需要，并注明交房标准为每户独立水、电、煤气及热水表等4表均出户设置。由于该楼盘避离闹市，价格低廉，主要是购房者看中了商品房周围的停车场和绿地，楼盘销售较好。但交房时业主发现广告中宣称的停车场成为会所，3000平方米的绿地也根本不存在，水、电、煤气及热水表等4表均在户内设置。业主为此诉讼至法院，要求开发商承担违约责任，赔偿损失。

专家解析：

房地产开发商的销售广告是购房者了解商品房的第一个窗口，也是最具迷惑性和诱惑性的，很多购房者都是轻信了销售广告中的宣传，最终吃亏上当。最高人民法院《关于审理商品房买卖合同纠纷案件适用法律若干问题的解释》第三条规定:商品房的销售广告和宣传资料为要约邀请,但是出卖人就商品房开发规划范围内的房屋及相关设施所作的说明和允诺具体确定,并对商品房买卖合同的订立以及房屋价格的确定有重大影响的,应当视为要约。该说明和允诺即使未载人商品房买卖合同,亦应当视为合同内容,当事人违反的,应当承担违约责任。该司法解释的出台,使得销售广告的性质和法律责任有法可依。

在明确销售广告的性质之前,我们必须首先要明确两个概念:要约和要约邀请。《合同法》第十四条规定:要约是希望和他人订立合同的意思表示,该意思表示应当符合下列规定:(一)内容具体确定;(二)表明经受要约人承诺,要约人即受该意思表示约束。《合同法》第十五条规定:要约邀请是希望他人向自己发出要约的意思表示。寄送的价目表、拍卖公告、招标公告、招股说明书、商业广告等为要约邀请。

那么,商品房的销售广告在什么情况下视为要约?根据司法解释,出卖人就商品房开发规划范围内的房屋及相关设施所作的说明和允诺具体确定,并对商品房买卖合同的订立以及房屋价格的确定有重大影响的,应当视为要约。实践中,常见商品房销售广告的说明和允诺包括:1.对商品房质量以及使用功能的陈述;2.对商品房周边环境陈述;3.向购房人提供某些优惠或附带赠送礼品的陈述;4.为购房者提供相应的车位车库;5.规划小区内有功能齐全的体育运动场;6.在广告中允诺出售的商品房将配备管道煤气、有线电视、远传水表、进口电梯等,但实际交房时并未配备这些设施或要求购房者另支付上述费用等。

专家支招:

本案中,开发商在销售广告中关于"环境优美、空气宜人"属于无法确定不具体的说明,是要约邀请,广告中关于"绿地面积在 3000 平方米以上,并有配套的停车场且足以满足业主的需要,并注明交房标准为每户独立水、电、煤气及热水表等4表均出户设置"则属于具体的允诺和说明,是要约。对于要约部分的违约,开发商需要承担相应的违约责任。

17. "买房可无条件入读名校"是要约还是要约邀请? 对开发商是否有约束力?

案例:

2009年6月,张某在某楼盘的开盘仪式上看到了开发公司的售楼广告,广告上对某楼盘进行大肆宣传,特别鲜明地标明"买房可无条件入读某重点小学"。该房地产公司在当地具有良好的信誉,而且在报纸上也做了同样的广告宣传。正是这个承诺让张某心动。张某与妻子到该房地产公司售楼处咨询。销售人员向夫妻俩打保票说:"肯定没问题,如果到时候兑现不了你可以拿着广告来找我们。"为了让孩子入读重点小学,张某决定购买该小区的一套住宅,与开发商签订了商品房买卖合同,但合同中并未就购房可无条件入读某重点小学作出明确约定。

两年后,张某的孩子到了入学年龄,张某却被该重点小学告知,即使是某楼盘业主,若无本区域户口也必须交纳50000元赞助费孩子才能入学。张某马上找到开发商协商,刚开始开发商以种种理由推托,最后,更是以合同中没有明确约定为由拒绝。张某以开发商的行为构成欺诈为由,起诉至人民法院。

专家解析:

本案中,双方争议的焦点是:"买房可无条件入读重点小学"是合同要约还是要约邀请?关于这个问题,我们在上一个问题中已经作出了明确的界定。

本案中的售楼广告构成要约还是要约邀请?我们认为,本案中的售楼广告构成要约。开发商在售楼广告中宣称购房即可无条件入读某重点小学,对购房者以及对商品房的价格均产生重大影响,应当视为合同要约。尽管双方未将此条作为合同条款写进商品房买卖合同,亦应当视为合同内容,开发商必须依约履行。如未履行,应当承担违约责任。

专家支招:

在很多的商品房销售广告中,开发商为了提高楼盘的吸引力,常常以环境优美、交通便利、车库充足,甚至是承诺学区和配套的医疗机构等作为卖点,购房者在购买商品房时,不能仅仅以商品房销售广告为购房依据,应该到规划小区现场实地证实,避免不必要的损失和纠纷。更为重要的是,购房者不要轻信开发商的销售广告和口头承诺,关于商品房买卖的细节必须一一写入商品房买卖合同,切实保证自身的合法权益。

18.商品房买卖合同的主要条款有哪些?

专家解析:

《商品房销售管理办法》第十六条规定:商品房销售时,房地产开发企业和买受人应当订立书面商品房买卖合同。商品房买卖合同应当明确以下主要内容:(一)当事人名称或者姓名和住所;(二)商品房基本状况;(三)商品房的销售方式;(四)商品房价款的确定方式及总价款、付款方式、付款时间;(五)交付使用条件及日期;(六)装饰、设备标准承诺;(七)供水、供电、供热、燃气、通讯、道路、绿化等配套基础设施和公共设施的交付承诺和有关权益、责任;(八)公共配套建筑的产权归属;(九)面积差异的处理方式;(十)办理产权登记有关事宜;(十一)解决争议的方法;(十二)违约责任;(十三)双方约定的其他事项。

商品房买卖合同签订过程当中的注意事项:

(1)审查相关资质和证明材料。要求开发商出示"五证"原件,并对"五证"号码作出记录。

(2)了解房屋是否有抵押的事实。

(3)尽量选用当地政府部门推荐使用的商品房买卖合同示范文本。

(4)注意合同中的关键性条款:特别是有关房屋位置、价格、公摊面积、付款方式、房屋交付时间、违约责任等关键性的条款和内容。

(5)关于格式条款中无法涵盖的约定和承诺,必须在格式条款后面的空白部分约定清楚。

(6)注意合同的附件。

(7)谨慎签订补充协议。补充协议常包含许多对购房人不利的条款,如交房时间的确定、不可抗力条款的解释、共有面积的确定分摊、关于基础设施和公共配套建筑的开发利用等方面,甚至包含许多针对开发商的免责条款。

专家支招:

商品房买卖过程中,购房者处于弱势群体的地位。开发商多会提供制式的格式条款。在格式条款的填写过程中,必须按照上述的注意事项认真研读合同内容,全面保护购房者自身利益。特别提醒的是对补充协议，比如有些开发商在补充协议中规定："政府部门有关文件批准的延迟、市政配套批准及安装的延误，导致开发商不能按期交付房屋，开发商有权按实际影响的时间而相应延迟交付房屋，而不用承担延迟交付房屋的责任。"由于补充协议大多含有建筑、房地产、法律等专业术语，一般购房人很难完全搞懂。因此，购房人不要急于和开发商签订补充协议，先将补充协议拿回来，找专家进行咨询，将补充协议中不合理的地方找出来，并对其进行修改。同时由于补充协议是由开发商拟定的，保护购房人的条款很少，因此，应在专家的指导下，在补充协议中增加保护购房人的条款。如果开发商不能满足购房人以上合理要求，那么，购房人最好不要和开发商签订补充协议。

19.预售商品房买卖中认购书的效力如何认定？

案例：

2002 年 7 月 12 日，原告仲某与被告金轩大邸公司签订《金轩大邸商铺认购意向书》一份，约定原告向被告支付购房意向金 2000 元，原告随后取得小区商铺优先认购权，被告负责在小区正式认购时优先通知原告前来选择认购中意商铺，预购面积为 150 平方米，并明确小区商铺的均价为每平方米 7000 元（可能有 1500 元的浮动）。如原告未在约定期限内认购，则视同放弃优先认购权，已支付的购房意向金将无息退还。如原告按约前来认购，则购房意向金自行转为认购金的一部分。意向书对楼号、房型未作具体明确约定。上述意向书签订之后，原告向被告支付了 2000 元意向金。2002 年 11 月 4 日被告取得房屋拆迁许可证，2003 年 5 月 29 日取得建设工程规划许可证，2003 年 6 月 30 日被告取得预售许可证。但被告在销售涉案商铺时未通知原告前来认购。2006 年初原告至售楼处与被告交涉，要求被告按意向书签订正式买卖合同。被告称商铺价格飞涨，对原约定价格不予认可，并称意向书涉及的商铺已全部销售一空，无法履行合同，原告所交 2000 元意向金可全数退还。双方因此发生争议，原告遂诉至法院。请求人民法院判令被告按 105 万元的销售价格向原告出售涉案商铺，如果被告不能履行，请求判令被告赔偿原告经济损失 100 万元。

上海市虹口区人民法院认为：1.涉案意向书不是通常意义的"意向书"，而具有预约合同的性质。2.根据本案事实，涉案意向书是在原、被告双方均对被告能够合法取得相关许可证书有合理预期的情形下，对原、被告将来签订房屋预售合同的预先约定，涉案意向书并非预售合同，法律对商品房预售合同的强制性规定并不适用于预约合同，应认定原告与被告签订的涉案意向书合法有效。3.本案中意向金不具有定金性质，不应认定为定金。4.被告构成违约。

上海市虹口区人民法院判决：一、解除原告仲某与被告金轩大邸公司签订的《金轩大邸商铺认购意向书》；二、被告返还原告意向金 2000元；三、被告赔偿原告经济损失 10000 元；四、驳回原告的其他诉讼请求。一审案件受理费 15260 元，由被告金轩大邸公司负担。

仲某不服一审判决，请求二审法院撤销原判，依法改判支持仲某一审提出的诉讼请求。

上海市第二中级人民法院二审认为：（其他理由与一审相同）金轩大邸公司的违约行为导致守约方仲某丧失了优先认购涉案商铺的机

会,使合同的根本目的不能实现,金轩大邸公司也承认双方现已无法按照涉案意向书的约定继续履行。因此,金轩大邸公司应当承担相应的违约责任。一审法院认为金轩大邸公司违反预约合同约定的义务,应当赔偿上诉人仲某相应的损失,并无不妥,但一审判决确定的10000元赔偿金额,难以补偿守约方的实际损失。

为促使民事主体以善意方式履行其民事义务,维护交易的安全和秩序,充分保护守约方的民事权益,在综合考虑上海市近年来房地产市场发展的趋势以及双方当事人实际情况的基础上,酌定金轩大邸公司赔偿仲某150000元。仲某要求金轩大邸公司按照商铺每平方米建筑面积15000至20500元的价格赔偿其经济损失,但由于其提交的证据不能完全证明涉案意向书所指商铺的确切情况,且根据金轩大邸公司将有关商铺出售给案外人的多个预售合同,商铺的价格存在因时而异、因人而异的情形。另外,虽然仲某按约支付了意向金,但是双方签订的预约合同毕竟同正式的买卖合同存在法律性质上的差异。故仲某主张的赔偿金额,不能完全支持。一审案件受理费人民币15260元,二审案件受理费人民币14350元,均由金轩大邸公司负担。

专家解析:

在实际的商品房销售中,房地产开发商为了尽快销售房屋,或者为了营造房屋供不应求的氛围,常常采用房屋认购的销售方式。商品房的认订、订购、预定等协议是指,商品房买卖合同的双方当事人在签订正式的商品房买卖合同之前,签订的法律文书,是对买卖双方房屋买卖意向的初步确认和约定。实践中,认购书分为两类:一类是内部认购书,是指在房地产开发商取得房屋预售许可证之前,以面向内部员工销售的名义卖给购房者而签订的认购书;另一类是外部认购书,是房地产开发商在取得房屋预售许可证之后,房地产开发商与购房者在签订正式的商品房买卖合同之前签订的认购协议书。

首先,我们来看一下认购书的法律性质。认购协议书是商品房买卖双方在签订正式的商品房买卖合同之前的行为,是双方对于交易房屋有关事宜的初步确认。认购协议书是双方的真实意思表示,属于商品房买卖预约合同。预约合同和本约合同是相对应的,预约合同是预约将来要签订合同的合同,而将来要签订的合同就是本约。预约合同和本约合同之间不存在从属关系,属于相对独立的合同。买卖双方是否订立本约,不影响预约合同的效力。预约合同自签订之日起生效,对于买卖双方同样具有法律效力和约束力。

其次,我们来看一下认购书中的认购金的性质。认购金不具有定金的性质,不适用《合同法》中的定金条款,卖方违约时,买方无权请求双倍返还。

最后,我们来看一下违约责任。既然认购协议书具有预约合同的性质,违约责任同样适用《合同法》的相关规定。《合同法》第一百零七条规定:当事人一方不履行合同义务或者履行合同义务不符合约定的,应当承担继续履行、采取补救措施或者赔偿损失等违约责任。也就是说,当房地产开发商没有履行认购协议书中规定的义务时,在能够履行的情况下,对买受人最为有利的就是要求开发商继续履行合同。只有在丧失了继续履行的条件时,才采取赔偿损失的救济方式。那么,赔偿损失如何计算?《合同法》第一百一十三条规定:当事人一方不履行合同义务或者履行合同义务不符合约定,给对方造成损失的,损失赔偿额应当相当于因违约所造成的损失,包括合同履行后可以获得的利益,但不得超过违反合同一方订立合同时预见到或者应当预见到的因违反合同可能造成的损失。根据该规定，赔偿损失的范围包括因违约而造成的直接损失，也包括可期待性的利益。就认购协议书而言，因房地产开发商的原因，使得认购协议书不具备继续履行的条件，赔偿损失的范围应当包括买受人通过合同应当获得而没有实际获得的利益。

专家支招：

本案中，关于认购协议书和认购金性质的认定，一二审法院是一致的。二审法院纠正了一审法院关于损害赔偿的计算范围，是符合现有法律规定和立法精神的。

在实践中，购房者要具有一定的证据搜集意识和证据搜集能力，对于商品房买卖过程中的书面材料，包括楼书、协议等要有保管的意识。

20.认购书在什么情况下应当认定为正式的商品房买卖合同？

案例：

2010年11月20日，汪某与某房地产公司，签订了一份《房屋认购意向书》，购买该房地产公司开发的商品房一套。该《房屋认购意向书》约定："甲方（汪某）自愿认购乙方（某房地产公司）开发的某广场公寓一套，建筑面积为115.49平方米，每平方米单价为8200元，房款总计947018元，交付日期为2012年5月15日，《房屋认购意向书》签订当日支付定金5万元及首期房款284105.4元，余款在双方签订《商品房买卖合同》时付清，房地产公司保证于2011年2月30日前，完备法律手续，取得《商品房预售许可证》与甲方签订《商品房购销合同》。"《房屋认购意向书》签订后,汪某当即付清了定金和首期房款。但是双方始终没有签订《商品房购销合同》,汪某认购的房产也没有如期开工建设。后来汪某得知该房地产公司已将所开发的该项目土地转让给了另一房产公司。汪某找到该房地产公司,其表示可以解除《房屋认购意向书》,退还房款只按照银行贷款利率赔偿损失。

专家解析:

最高人民法院《关于审理商品房买卖合同纠纷案件适用法律若干问题的解释》第五条规定:商品房的认购、订购、预订等协议具备《商品房销售管理办法》第十六条规定的商品房买卖合同的主要内容,并且出卖人已经按照约定收受购房款的,该协议应当认定为商品房买卖合同。具体的商品房买卖合同的主要内容已经在上面的问题中阐述过了。

专家支招:

本案中,汪某与该房地产公司签订的《房屋认购意向书》具备商品房买卖合同中的主要内容,而且汪某也支付了首付款,双方之间的《房屋认购意向书》应当认定为商品房买卖合同。房地产公司违约无法交付房屋,应当赔偿汪某因此而造成的损失。

21.买受人在什么情况下可以请求出卖人承担 不超过已付购房款一倍的赔偿责任?

专家解析:

最高人民法院《关于审理商品房买卖合同纠纷案件适用法律若干问题的解释》第八条规定:具有下列情形之一的,导致商品房买卖合同目的不能实现的,无法取得房屋的买受人可以请求解除合同、返还已付购房款及利息、赔偿损失,并可以请求出卖人承担不超过已付购房款一倍的赔偿责任:(一)商品房买卖合同订立后,出卖人未告知买受人又将该房屋抵押给第三人;(二)商品房买卖合同订立后,出卖人又将该房屋出卖给第三人。第九条规定:出卖人订立商品房买卖合同时,具有下列情形之一,导致合同无效或者被撤销、解除的,买受人可以请求返还已付购房款及利息、赔偿损失,并可以请求出卖人承担不超过已付购房款一倍的赔偿责任:(一)故意隐瞒没有取得商品房预售许可证明的事实或者提供虚假商品房预售许可证明;(二)故意隐瞒所售房屋已经抵押的事实;(三)故意隐瞒所售房屋已经出卖给第三人或者为拆迁补偿安置房屋的事实。

专家支招:

根据该司法解释,出卖人承担双倍返还的前提是出卖人在出售房屋的过程中存在恶意的欺诈行为,而且该欺诈行为严重损害了买受人的合法权益,并影响买受人可期待权利的实现。如果买受人对于解释中的情形属于明知,则不能适用双倍返还。同时,也要注意,双倍返还仅存在于房地产开发公司和买受人之间,不存在于二手房等其他房屋买卖合同之中。

22.房地产开发公司交付的房屋质量有问题时如何处理?

案例:

2004 年 8 月,张某与红田房地产公司签订了一份商品房预售合同。

合同中约定:张某购买红田房地产公司开发的某小区住宅一套,房屋总价款为 52.8 万元,合同签订之日,缴纳首付款 32.8 万元。交房时间为 2004 年 12 月 31 日。张某在交房之日付清余款。合同签订后,张某按照合同约定缴纳了首付款。后房地产公司按照约定为张某办理了入住。但张某并未向红田房地产公司支付余款。张某入住后不久,发现房屋存在墙面渗水、油烟倒灌、门窗不严等质量问题,因此拒绝支付余款,并要求开发商先行解决房屋质量问题。红田房地产公司坚持认为,该住宅建成后,已经通过验收,达到了国家规定的合格标准,并取得了《新建住宅交付使用许可证》,不存在质量问题,要求张某支付房屋余款。双方多次协商未果,红田房地产公司向法院提起诉讼,要求张某按照合同约定支付房屋余款 20 万元及其利息。

专家解析:

首先,来看一下房屋质量不合格时如何处理?《商品房销售管理办法》第三十条规定:房地产开发企业应当按照合同约定,将符合交付使用条件的商品房按期交付给买受人。未能按期交付的,房地产开发企业应当承担违约责任。根据该规定,房地产开发企业交付房屋除了要按期交付,同时还要符合交付使用条件。也就是说,当房地产开发企业交付的房屋存在质量问题时,属于履行义务不完全,应当承担相应的违约责任。那么,如何承担违约责任?最高人民法院《关于审理商品房买卖合同纠纷案件适用法律若干问题的解释》第十二条规定:因房屋主体结构质量不合格不能交付使用,或者房屋交付使用后,房屋主体结构质量经核验确属不合格,买受人请求解除合同和赔偿损失的,应予支持。第十三条规定:因房屋质量问题严重影响正常居住使用,买受人请求解除合同和赔偿损失的,应予支持。交付使用的房屋存在质量问题,在保修期内,出卖人应当承担修复责任;出卖人拒绝修复或者在合理期限内拖延修复的,买受人可以自行或者委托他人修复。修复费用及修复期间造成的其他损失由出卖人承担。根据该规定,房屋质量存在问题,在保修期内由开发商承担修复责任;商品质量问题严重影响正常居住使用,买受人享有解除权。对于房屋质量问题给买受人造成的损失,开发商需要承担相应的赔偿责任。

接下来,我们来看一下买受人能否以房屋质量不合格为由拒绝履行自己的付款义务? 买受人支付余款的义务和开发商交付符合使用条件房屋的义务,两者具有同步性,在法律上称之为同时履行义务。《合同法》第六十六条规定:当事人互负债务,没有先后履行顺序的,应当同时履行。一方在对方履行之前有权拒绝其履行要求。一方在对方履行债务不符合约定时,有权拒绝其相应的履行要求。这就是法律上的同时履行抗辩权。这种抗辩权既适用于一方完全不履行义务的情况,也适用于一方履行义务不完全的情况。根据该规定,房地产开发商交付的房屋质量存在问题时,买受人可以以房屋质量不合格为由拒绝履行自己的付款义务。

专家支招:

本案中,红田房地产开发公司交付的房屋存在墙面渗水、油烟倒灌、门窗不严等质量问题,这些问题均属于房屋质量的重大问题。红田房地产开发公司负有修复义务,在红田房地产开发公司履行修复义务之前,张某有权利拒绝支付房屋余款,同时对双方的商品房买卖合同享有解除权,并有权要求开发商赔偿自己由于房屋质量问题造成的损失。

23.房地产开发商交付的房屋面积存在差错时如何处理?

案例:

1998 年 10 月,王某与中海房地产公司签订了一份买卖合同,购买了中海房地产公司开发的位于哈尔滨某区的一套商业网点, 网点建筑面积 356.79 平方米,整套房屋总价款为 435.5 万元。中海房地产公司向王某交付了房屋后, 王某委托有关机构对房屋建筑面积进行了测量计算,发现建筑面积比合同中约定的少了 44.36 平方米。双方多次协商,未能达成一致。王某将中海房地产公司起诉至人民法院,认为被告中海房地产公司恶意减少房屋建筑面积, 要求被告承担多支付购房款一倍的赔偿。被告辩称,销售面积是按照哈建发(1995110 号文件,规定以使用面积乘系数换算得出的,不存在欺诈。

专家解析:

房屋的总价款如何计算?《商品房销售面积计算及公用建筑面积分摊规则》第三条规定:商品房销售以建筑面积为面积计算单位。建筑面积应按国家现行《建筑面积计算规则》进行计算。第四条规定:商品房整栋销售,商品房的销售面积即为整栋商品房的建筑面积(地下室作为人防工程的,应从整栋商品房的建筑面积扣除)。第五条规定:商品房按"套"或"单元"出售,商品房的销售面积即为购房者所购买的套内或单元内建筑面积 (以下简称套内建筑面积) 与应分摊的公用建筑面积之和。根据该规定,商品房在计算总价款时,有两种方式。一种是按照建筑面积计算;一种是按照整套计算。

如果是按照建筑面积出售的房屋,存在面积误差或者不相符的情况如何处理?最高人民法院《关于审理商品房买卖合同纠纷案件适用法律若干问题的解释》第十四条规定:出卖人交付使用的房屋套内建筑面积或者建筑面积与商品房买卖合同约定面积不符,合同有约定的,按照约定处理;合同没有约定或者约定不明确的,按照以下原则处理:(一)面积误差比绝对值在3%以内(含3%),按照合同约定的价格据实结算,买受人请求解除合同的,不予支持;(二)面积误差比绝对值超出3%,买受人请求解除合同、返还已付购房款及利息的,应予支持。买受人同意继续履行合同,房屋实际面积大于合同约定面积的,面积误差比在3%以内(含3%)部分的房价款由买受人按照约定的价格补足,面积误差比超出3%部分的房价款由出卖人承担,所有权归买受人;房屋实际面积小于合同约定面积的,面积误差比在3%以内(含3%)部分的房价款及利息由出卖人返还买受人,面积误差比超过3%部分的房价款由出卖人双倍返还买受人。

如果是按照整套出售的房屋,存在面积误差或者不相符的情况如何处理?《商品房销售管理办法》第十九条第二款规定:"按套(单元)计价的预售房屋,房地产开发企业应当在合同中附所售房屋的平面图。平面图应当标明详细尺寸,并约定误差范围。房屋交付时,套型与设计图纸一致,相关尺寸也在约定的误差范围内,维持总价款不变;套型与设计图纸不一致或者相关尺寸超出约定的误差范围,合同中未约定处理方式的,买受人可以退房或者与房地产开发企业重新约定总价款。买受人退房的,由房地产开发企业承担违约责任。"面积误差标准可以参照按面积计价的规定。当事人既约定了按套计价的方式,又约定了房屋的面积,在没有约定面积误差范围的情况下,不能对房屋交付面积过低或过高的部分不作控制。我国商品房买卖相关法律法规没有对按套计价情况下的面积误差标准作出具体的规定。由于双方当事人对于面积误差范围没有作出约定,根据《合同法》的相关规定,当事人就质量、价款等内容合同没有约定的,可以按照交易习惯或国家标准、行业标准确定。鉴于本案房屋买卖合同的性质,本案可以参照商品房销售的国家标准、行业标准确定面积误差。《商品房销售管理办法》第二十条第二款、最高人民法院《关于审理商品房买卖合同纠纷案件适用法律若干问题的解释》第十四条均规定,房屋销售的面积误差标准为 3%。

专家支招:

本案中,法院判决房地产开发公司返还原告购房面积误差 3％以内房款及利息,双倍返还原告购房面积误差 3％以外房款是正确的。

房屋买卖中为了更好地保护购房者的实际利益,建议在约定房屋价格时选择采用建筑面积的计算方式,以便更为全面地保护自身权益。

24.公摊面积如何计算?

案例:

2000 年 8 月 15 日,北京市石榴园小区 6 号楼业主开始入住。入住伊始,业主感觉到房间比他们曾经看到的房间要小一些,有缩水的嫌疑。一些住户随即向开发商提出质疑。但开发商告知,测量工作进行过了,房屋面积已经确定。在住户们仔细查看房屋测量方面的细节时,他们对公摊面积也产生了质疑,并发现开发商委托的丰台区国土房管局测量队进行测量时,使用的是被废止的1995年《关于我市销售商品房有关测绘口径的通知》439号文件,而1998年当时的北京市房屋土地管理局已经出台了新的《北京市商品房销售面积计算及公用建筑面积分摊暂行规定》的1285号文件。按照新规定,从1998年12月11日起,439号文件随即废止。2003年9月18日,石榴园小区部分业主因房屋面积测算纠纷问题,状告北京市国土资源和房屋管理局,最终胜诉。问:房屋公摊面积包括哪些?应当如何计算?出现纠纷时,业主应当向谁讨要说法?

专家解析:

房屋公摊面积是指分摊的公用建筑面积的简称,它与套内建筑面积之和构成了一套商品房的建筑面积。对于公摊面积的处理,目前我国尚无明确法律法规出台,因公摊面积的不明确,使其成为房地产交易过程中争论的焦点,也是广大购房者最为迷惑的一个知识。

首先来看一下公摊面积的范围。

可计入公摊面积的包括:(1)大堂、公共门厅、走廊、过道、公用厕所、电(楼)梯前厅、楼梯间、电梯井、电梯机房、垃圾道、管道井、消防控制室、水泵房、水箱间、冷冻机房、消防通道、变(配)电室、煤气调压室、卫星电视接收机房、空调机房、热水锅炉房、电梯工休息室、值班警卫室、物业管理用房等以及其他功能上为建筑服务的专用设备用房;(2)套与公用建筑空间之间的分隔墙及外墙(包括山墙)墙体面积水平投影面积的一半。

不计入公摊面积的包括:(1)仓库、机动车库、非机动车库、车道、供暖锅炉房、作为人防工程的地下室、单独具备使用功能的独立使用空间;(2)售房单位自营、自用的房屋;(3)为多幢房屋服务的警卫室、管理(包括物业管理)用房。

再来看一下公摊面积的比例。公摊没有严格的限制,但是一般情况下:多层(6层以下)公摊率为:5%~8%;小高层(11层以下)公摊率为:8%~15%;高层(18层)公摊率为:15%~18%;高层(33层以下)公摊率为:20%~25%。

专家支招:

公摊面积的计算是很专业也很复杂的一项工作。买受人在签订《商品房买卖合同》时,关于公摊面积的问题,处于弱势地位,开发商已经将公摊面积计算好了。买受人重点要把握公摊的比例是否超标。同时,买受人在签订购房合同时,必须对合同附件《公摊部位》详细审查,确认其与开发商报房地产主管部门备案的《公摊部位》一致。

另外,需要注意的是,当因公摊面积问题发生诉讼时,买受人选择的被告问题。当公摊面积计算错误是由于开发商的原因引起的,买受人应当将开发商作为被告提起诉讼;当公摊面积计算错误是由于测绘部门的原因引起的,买受人应当将测绘部门作为被告提起诉讼;当公摊面积计算错误是由于开发商和测绘部门恶意串通而引起的,买受人应当将开发商和测绘部门作为共同被告提起诉讼。

25. 房屋面积存在误差如何处理?

案例:

2010年5月,马某与某开发公司签订《商品房预售合同》,购买该开发公司开发的商品房一套。合同中约定,房屋单价为6800元,房屋建筑面积为115.49平方米,总房款为78.5万元。2010年年底,该开发公司按照合同约定交付了房屋。经房管局测定,马某所购的该套商品房建筑面积为130.49平方米,比合同约定的面积多了15平方米。马某按照开发公司的要求全额补交了多出面积的房款10.2万元。之后,经了解,马某得知该房屋面积超出了法定的误差比在3%以内的规定,以多出面积的房价款应由开发公司承担为由诉至法院,要求该开发公司退回其多交的购房款。问:马某的诉讼请求能否得到法院的支持?

专家解析:

《商品房销售管理办法》第二十条规定:按套内建筑面积或者建筑面积计价的,当事人应当在合同中载明合同约定面积与产权登记面积发生误差的处理方式。合同未作约定的,按以下原则处理:(一)面积误差比绝对值在3%以内(含3%)的,据实结算房价款;(二)面积误差比绝对值超出3%时,买受人有权退房。买受人退房的,房地产开发企业应当在买受人提出退房之日起30日内将买受人已付房价款退还给买受人,同时支付已付房价款利息。买受人不退房的,产权登记面积大于合同约定面积时,面积误差比在3%以内(含3%)部分的房价款由买受人补足;超出3%部分的房价款由房地产开发企业承担,产权归买受人。产权登记面积小于合同约定面积时,面积误差比绝对值在3%以内(含3%)部分的房价款由房地产开发企业返还买受人;绝对值超出3%部分的房价款由房地产开发企业双倍返还买受人。

专家支招:

本案中,房屋建筑面积误差比例超出3%,对于3%以内的误差面积,即 3.5 平方米由马某补足购房款;对于超出 3% 的误差面积,即 11.5 平方米,由开发公司承担房价款。开发公司应当返还马某 7.8 万元。

实践中,房屋面积与房屋总价款是息息相关的。房屋实际面积以测绘部门测绘为准,当实际面积与合同中约定的面积存在误差时,买受人不要听信开发公司的一面之词,无论是面积"缩水"抑或"超标"都不要急于和开发公司清算,一定要事先计算好面积误差的差价,并拿起法律武器保护自身的合法权益。

26.商品房转卖后,开发商面积差价款是否应退还初始买受人?

案例:

2000 年 1 月 31 日,孙某和某房地产开发公司签订了一份房屋买卖合同,合同中约定:孙某购买该房地产公司开发的一套商品房,房屋面积为 148.12 平方米,房屋总价款为 482442 元。合同中同时约定,若房屋面积出现误差,在每平方米价格不变的情况下,按照实际建筑面积调整房屋总价款,多退少补。2006 年 6 月,孙某得知该房屋的实际面积为 142.03 平方米。2006 年 8 月,孙某通过中介与金某签订了房屋买卖合同,并告知金某房屋面积的事实,二人在房屋买卖合同中约定的房屋面积为 142.03 平方米,房屋总价款为 60 万元。孙某找到该房地产开发公司要求退还房屋差价部分的房款。开发公司以房屋已经转让,孙某不是房屋的所有权人为由,拒绝支付差价。金某作为第三人参与到诉讼中,金某以自己是现在的房屋所有权人为由，要求房地产开发公司将该差价支付给自己。房地产开发公司以自己和金某之间不存在买卖合同关系为由拒绝。

专家解析：

首先，我们来看一下案例当中的法律关系。本案当中存在两个法律关系，一个是孙某和房地产开发公司之间的房屋买卖关系，另一个是孙某和金某之间的房屋买卖关系，而在房地产开发公司和金某之间不存在任何法律关系。两个买卖关系都是通过合同的形式体现。《合同法》第六十条规定：当事人应当按照约定全面履行自己的义务。

在孙某和房地产开发公司的买卖合同中，双方对于面积的差价作出了明确的规定，当房屋实际面积缩小时，房地产开发公司应当按照合同的约定退还多支付的房款。房屋所有权的转移不影响孙某和房地产开发公司之间因为房屋买卖而形成的债权债务法律关系的实现。

新的问题又产生了。孙某已经和金某签订了房屋买卖合同，房屋的所有权人转移为金某，那么房地产开发公司退还的房款应当归谁所有？刚才，我们已经分析了金某和房地产开发公司之间不具有任何的法律关系，那么，金某无权以房屋所有权人的身份向房地产开发公司主张权利。如果金某对于房屋的面积存在质疑，只能以孙某为被告人重新提起诉讼。

专家支招：

在界定法律责任时，前提是明确不同主体之间的法律关系。在房屋买卖过程中，房屋可能经过多次的"倒手"，这时当事人的权利义务关系只能通过行为双方当事人的法律关系予以确定，不可以把不同当事人之间的不同法律行为混为一谈。

27.预售商品房开发商擅自变更设计怎么办?

案例:

买房人在收房时,发现开发商对房屋设计进行了变更:有的是在房屋中增加了设备管道,有的是各房屋的面积发生了变化,有的是房屋布局发生了变化,原来的三居室变成了两居室,还有的是在买房人购买的一层房屋边增加了变电站,等等。那么买房人遇到这样的情况该如何处理呢?

专家解析:

商品房的房屋设计,包括房屋结构、户型、空间尺寸、朝向等,都属商品房合同的重要内容,也是购房者在买房时十分看重的部分。对于任何一个购房者来说,都有其预期的商品房设计,如果开发商不经购房者同意,擅自变更房屋设计,这必然会引起购房者的不满和反对。那么,开发商能否擅自变更房屋设计呢?

《商品房销售管理办法》第二十四条规定:房地产开发企业应当按照批准的规划、设计建设商品房。商品房销售后,房地产开发企业不得擅自变更规划、设计。经规划部门批准的规划变更、设计单位同意的设计变更导致商品房的结构形式、户型、空间尺寸、朝向变化,以及出现合同当事人约定的其他影响商品房质量或者使用功能情形的,房地产开发企业应当在变更确立之日起 10 日内,书面通知买房人。买房人有权在通知到达之日起 15 日内做出是否退房的书面答复。买房人在通知到达之日起 15 日内未作书面答复的,视同接受规划、设计变更以及由此引起的房价款的变更。房地产开发企业未在规定时限内通知买房人的,买房人有权退房;买房人退房的,由房地产开发企业承担违约责任。

商品房买卖合同示范文本将上述规定写入合同,并且同时规定,买受人选择退房的, 出卖人须在买受人提出退房要求之日起在双方约定的期限内将买受人已付款退还给买受人, 并按双方约定的利率付给利息。买受人不退房的,应当与出卖人另行签订补充协议。

因此,如果买房人能够确认没有收到开发商关于变更的书面通知,可以选择退房并由开发商承担相应的违约责任;如果买房人不愿退房,可与开发商协商解决,协商不成的,可提起诉讼,要求开发商赔偿损失。

专家支招:

在此提醒买房人,《商品房买卖合同》属于格式条款,而且通常由房地产开发商事先填写,因此,购房者在签订合同时应尽量将自己能考虑到的可能影响商品房质量或使用功能的情形均写入合同, 同时对买房人不选择退房时开发商需承担的违约责任在合同中事先作出约定,以免发生问题时开发商不同意协商而使自己处于被动地位。在约定违约责任时,一定要把自己因违约行为可能遭受的损失都考虑进去。

28.购买精装修住宅应当注意什么?

案例:

王某购买了某开发商开发销售的一套精装修住宅,双方签订了《商品房买卖合同》，同时在合同中约定对于房屋装修部分另行签订装修合同。但当王某按照开发商要求前去签订装修合同时，却发现签订装修合同的对方由开发商变为某装修公司，并约定如将来出现房屋装修质量问题由买房人直接要求装修公司承担保修责任，与开发商无关。而王某则认为，其购买房屋是向开发商购买，应与开发商签订装修合同。

专家解析：

首先，我们来看一下什么是"精装修房屋"，根据建设部颁发的《商品住宅装修一次到位实施细则》（建住房[2002]190号）的规定，"精装修房屋"是指房屋交钥匙前，所有功能空间的固定面全部铺装或粉刷完成，厨房和卫生间的基本设施全部安装完成的房屋，并且这里的"房屋"是指新建城镇商品住宅中的集合式住宅。

接下来，我们看一下精装修房屋中，房屋装修部分的合同主体是谁，是开发商还是装修公司？

买受人购买精装修房屋，相比"清水房"的价格都要高很多，"精装修"属于房屋标准的一部分，是房屋价格的重要组成内容。因此，房屋装修部分的合同主体必然应该是开发商，双方应该就装修事项、装修标准以及装修责任做出明确的约定。而且，《商品住宅装修一次到位实施细则》第1.7.1条明文规定："确立开发单位为住宅装修质量的第一责任人，承担住宅装修工程质量责任，负责相应的售后服务。"这就从法律上明确了开发商对装修部分的保修责任。从合同的相对性来讲，只有合同主体才能享有合同权利并承担合同义务。既然要求开发商承担保修责任，买房人自然应当与开发商而非装修公司签订装修合同。

接下来，我们来看一下，在精装修房屋中关于装修内容、质量的约定应当注意哪些问题？有些开发商在精装修房屋的合同中仅仅采用"高级""优质""名牌"等含糊的表述方式，这些对于购房者而言都是极为不利的。在约定精装修房屋的装修条款时，要重点明确下列内容：

一是，装修的事项和内容。

二是，装修材料的选择。

三是，装修标准。

四是，装修保修期限、保修范围和保修责任。

这里要特别注意的是装修材料的选择必须细化，关于材料的品牌、规格、标准等必须明确，不能使用"名牌""优质"等不确定性的表述。

另外，如果开发商推出精装修商品房时展示了样板间，同时在合同中约定交付的商品房不低于样板间的装修质量水平。购房者应当在合同中明确约定交房前不可拆除样板间，以免交房时少了验收标准。

最后，我们来看一下如何验收精装修房屋？

一是，检查装修设备与合同约定是否相符。

实践中，一些精装修房屋在验收的时候买房人经常会发现防盗门、卫生洁具、装饰材料、灯具、整体橱柜等都出现了令自己不太满意的地方，比如品牌、式样等。这时候，买房人应当仔细审查合同就该部分是如何约定的。如果购房合同就装修所使用的材料、品牌、型号等作出了具体约定，建议买房人在验收的时候先不必急于验收装修的工程质量，而是应该先花一些时间，检查一下装修所使用的设备和材料是否与合同约定相符。如果与合同约定不符，通常意味着住宅品质的降低。

二是，验收时应该注意哪些装修项目。

第一步，要关注常见的装修通病，如漏水、排水不畅等，要看厨房、卫生间的防水有没有做;检查厨房、卫生间的上下水管道,看看排水管道排水是否顺畅,上水管是否存在渗漏现象;洗手间的卫生器具冲水快慢,地面是否存水等。

第二步,检查配电线路。检查房间内的强弱电是否达到使用条件,布局安排是否合理。

第三步,注意常使用的部件,如五金安装是否配套、齐全,是否端正牢固。

第四步,检查木工制品以及油漆工制品,主要是指门、窗、橱柜等。重点检查是否变形,开启是否灵活,装饰面是否滑伤,颜色是否一致,接缝处开裂现象是否严重,油漆是否存在流淌现象等,对窗户还应检查是否渗水。

第五步,检查地面地砖是否存在空鼓现象,正常走动时地板是否有响声等。

第六步,要关注接口部位,尤其是一些装修时被暗埋的隐蔽工程,如为避免串味,厨卫吊顶内通风设置的接入口是否适当等。

第七步,向开发商索要装修说明书,以便了解暗埋工程以及使用方法。

第八步,检测室内空气质量是否达标,有无环境检测报告。

第九步,索要装修质量保证书。

专家支招:

实践中,开发商为了推卸责任,往往会要求购房者同装修公司签订装修合同,开发商便将本应由其承担的装修质量责任推卸给装修公司。

对于购房者而言,装修公司相对于开发公司来说,他的保证能力都要相对较低,一旦房屋交付后出现质量问题,装修公司主观上不愿或者客观上不能对问题房屋进行保修,甚至有的装修公司已经找不到了,使买房人的利益无法得到保护。因此,购买精装修房屋一定要与开发商而非装修公司签订装修合同或在购房合同中即对装修事宜作出详尽的约定,并且以书面形式约定开发商须对装修质量承担保修责任。

29.在符合交房条件的情况下,买受人逾期收房的,逾期收房期间所产生的物业费、供暖费等应由谁承担?

案例:

2002 年 4 月,闫某与某房地产开发公司签订了商品房买卖合同。合同中约定,开发公司于 2002 年 12 月 31 日前交付房屋。2002 年 11 月 30 日,开发公司给闫某下达了入住通知单。闫某一直没有办理入住手续。2005 年 4 月,闫某办理入住时,开发公司要求闫某补交 2002 年 12 月 1 日至今的物业费及采暖费。开发公司的要求是否合理?

专家解析:

回答这个问题的关键在于,房屋的费用承担以什么为要件? 房屋属于典型的不动产。根据不动产的相关法律规定,不动产的费用承担以及风险转移等均以交付为要件。不动产交付以前由出卖人承担,交付以后由买受人承担。那么,如何来判断不动产的交付? 根据《中华人民共和国合同法》第一百四十三条规定:"因买受人的原因致使标的物不能按照约定的期限交付的,买受人应当自违反约定之日起承担标的物毁损、灭失的风险。"根据这一法律规定,可推定"因买受人的原因致使标的物不能按照约定的期限交付的",应当视为标的物已经交付。因此,在符合交房条件的情况下,买受人无正当理由逾期收房,也应当视为开发商已经将房屋交给了买受人,买受人不仅应当承担房屋毁损、灭失的风险,而且也应当承担自开发商通知交房之日起该房屋的物业费、供暖费等有关费用。同时根据相关政策,买受人不得以未在房屋内实际居住为由拒绝交纳物业费、供暖费等费用。

专家支招:

本案中,自开发商下达入住通知单之日,视为开发商按照商品房买卖合同的约定交付房屋,开发商的义务按期履行。购房者负有收房的义务,购房者没有如期收房,属于因买受人的原因致使房屋不能按期交付,购房者迟延收房期间的物业费及采暖费由购房者本人承担。在实践中,开发商的入住通知单具有证据的效力。一方面,如果开发商迟延交房或者迟延办理房屋产权证,入住通知单是最直接最有效的证据;另一方面,开发商如果如期交房,从入住通知单下达之日,房屋毁损、灭失的风险以及期间的采暖费、物业费转由购房者承担。

30.贷款有哪些种类?

案例:

张某和王某是一对新婚夫妻。两人每月收入共计1万元。两人决定在沈阳贷款购买一套商品房，关于采取何种贷款方式以及如何选择还款方式两人产生了分歧。

专家解析：

随着房地产价格的上涨，个人购买住房的能力在相对下降，一次性支付购房款对普通消费者而言难度增大，贷款买房成为一种新型的消费模式。贷款的种类包括商业贷款、住房公积金贷款、组合贷款和贴息贷款四种。

个人住房商业性贷款：是商业银行发放的个人住房按揭贷款，其利率由中央人民银行制定，较其他形式的住房贷款利率略高。只要申请人交足银行规定成数的购房首付款，并具有稳定的收入用以偿还贷款本息，即可申请使用银行按揭贷款。

住房公积金贷款：是由住房公积金管理中心发放的个人住房按揭贷款，住房公积金贷款具有政策补贴性质，贷款利率低于同期商业银行贷款利率，也就是说，在住房公积金抵押贷款利率和银行存款利率之间存在一个利差。对于已参加交纳住房公积金的居民来说，贷款购房时，可以选择住房公积金低息贷款。

个人住房组合贷款：住房公积金管理中心可以发放的公积金贷款，对最高限额有一定限制，如果需贷款数额超过这个限额，不足部分要向银行申请住房商业性贷款。这两种贷款合起来称之为组合贷款。组合贷款利率较为适中，贷款金额较大，因而被贷款者较多选用。

个人住房担保贴息贷款：该种贷款结合了商业贷款和公积金贷款的优势，是通过三方合作将中间手续和重复缴费环节简化的创新业务形式。此种贷款虽然名义上是银行发放的商业贷款，但在借款人每月按商业贷款利息偿还贷款后，就其可申请的公积金最高贷款额度部分可以获得由政府住房基金提供的利息返还，从而补平商业贷款和公积金贷款之间的利差。申请该种贷款的买房人需参加交纳住房公积金。贴息贷款对于买房人来讲不仅可以获得公积金贷款利率水平待遇，还可以省去办理组合贷款的麻烦。

专家支招：

在选择贷款方式时，一定要综合考虑自身的收入稳定情况、支出情况等综合因素，选择对自己最为有利的贷款方式。

31.等额本息还款方式与等额本金还款方式有何区别？

案例：

同案例30。

专家解析：

目前，银行的个人住房按揭贷款的还款方式主要有等额本息和等额本金两种方式。等额本息还贷方式为每月按相同金额偿还贷款本息，月还款中利息逐月递减，本金逐月递增；等额本金还贷方式为还款金额递减，月还款中本金保持相同金额，利息逐月递减。二者的主要区别在于，前者每期还款金额相同，即每月本金加利息总额相同，贷款人还贷压力均衡，但利息负担相对较多；后者每月本金相同，利息逐渐减少，前期还款压力大，但以后的还款金额逐渐递减，利息总负担较少。

专家支招：

具体选择哪一种还款方式更为有利,不能一概而论,应根据个人情况进行选择。在贷款金额相同的情况下,等额本金的前期还款较等额本息要高,因此初期还款压力会比较大,对于刚刚工作不久的买房人来说,由于前期收入较少,不妨选择等额本息的还款方式以缓解当前的生活压力,在未来收入升高后再进行提前还款,这样可以节省利息;而对于中年人来讲,事业已处于巅峰期,预期收入将可能逐年下降,此类人群选择等额本金的方式比较适宜,在未来收入降低时还款数额也将减少,以免将来发生入不敷出的风险。此外,虽然等额本金的利息总额低于等额本息,但考虑到通货膨胀的因素,也许未来节省的利息总额的购买力会被大大削弱,同时买房人前期又承担了较大的还款压力,这样算来选择等额本金的还款方式或许有些得不偿失了。

32.买受人未能取得商品房抵押贷款,开发商与其签订的商品房买卖合同如何处理?

案例：

2007年6月1日,高某和宏发房地产公司签订了一份商品房买卖合同。合同中约定,高某购买宏发房地产公司开发的一套住宅,房屋总价款为48万元。高某于合同签订之日支付了30%的房屋首付款,即14.4万元。双方约定,高某委托宏发房地产公司于2007年9月1日前办理商业贷款。高某出具了授权委托书,之后,由于宏发房地产公司申请贷款手续准备不充分,未能获批。由于没有获得商业贷款,高某向宏发房地产公司申请退房或者转让第三人,均遭到了宏发房地产公司的拒绝。高某起诉至人民法院,要求解除买卖合同。

专家解析:

按揭贷款是当前商品房买卖中经常采取的付款方式。房地产开发商和购房人签订商品房买卖合同,购房者支付首付款后,在办理按揭贷款的过程中,银行经过资格审查有可能作出拒绝贷款的决定。由于贷款失败,购房者往往不具备购买能力,在要求开发商退房的情况下,经常遭到开发商拒绝。更有甚者,开发商拒绝返还首付款。那么,买受人未能取得商品房抵押贷款,开发商与其签订的商品房买卖合同到底应该如何处理?

最高人民法院《关于审理商品房买卖合同纠纷案件适用法律若干问题的解释》第二十三条规定:商品房买卖合同约定,买受人以担保贷款方式付款,因当事人一方原因未能订立商品房担保贷款合同并导致商品房买卖合同不能继续履行的,对方当事人可以请求解除合同和赔偿损失。因不可归责于当事人双方的事由未能订立商品房担保贷款合同并导致商品房买卖合同不能继续履行的,当事人可以请求解除合同,出卖人应当将收受的购房款本金及其利息或者定金返还买受人。

根据该司法解释,买受人未能获得银行贷款时能否解除合同,应该具体区别对待:

第一种情况,因买受人自身的原因,例如买受人怠于履行办理贷款的义务,或者没有向银行提供相应的资信证明等情况,买受人不能要求解除合同,同时还需承担未能按时支付购房款的违约责任;第二种情况,因为开发商原因致使买受人未能获得银行贷款的,例如存在违规开发、项目手续不齐全等不符合银行发放贷款的标准,买受人可以解除合同,出卖人应当返还买受人已经支付的购房款本金及其利息;第三种情况,因不可归责于当事人双方的事由,包括银行贷款政策变化等,例如银行原要求首付款需达到购房总价的20%即可批准贷款,而当买房人按此要求申请贷款后,银行将首付款标准提高为购房总价的30%,致使买房人未能获得银行贷款的,此时合同未能订立是不可归责于双方当事人的原因引起的,买房人有权解除合同,并且无需承担违约责任。

在实践中,常发生这样的问题:因为买受人存在不良信用记录等问题,致使因为银行对于买受人的信用等级评价较低,致使贷款不成功。这是否属于因为买受人的原因而导致贷款不能? 虽然表面上来看这属于因买房人的原因未能订立合同,但我们需要注意的是,买受人不是信贷专业人员, 没有义务也缺少相应的能力完全了解银行发放贷款的标准,故应将此种情况认定为不可归责于双方当事人的原因,买受人有权解除合同,出卖人应该返还本金以及利息给买受人。

专家支招:

本案中,银行贷款不成功,是由于宏发房地产公司怠于履行受托义务,贷款手续准备不充分而引起的,过错方为宏发房地产公司,买受人高某有权解除合同, 宏发房地产公司应当返还高某已经支付的首付款及其利息。

在此我们需要特别强调,购房者在有意向通过银行贷款购买房屋时,应该在签订买卖合同前向银行充分了解贷款的标准和程序,保证贷款的顺利进行。同时,为了规避风险,在买卖合同中最好明确约定:"如经银行审核不同意向买房人发放贷款的，买房人可以解除合同并无需承担违约责任。"

33.商品房买卖合同被确认无效或者撤销,买受人能否请求解除贷款合同?

案例:

赵某和某房地产开发公司签订了一份商品房买卖合同，合同中约定总房款为 56 万元。赵某按照合同的约定缴纳了总房款的 30%，即 16.8 万元的首付款，并办理了剩余 39.2 万元的银行贷款。银行贷款办理成功后，赵某发现该房地产开发公司又将该房屋以高价卖给了丁某。赵某要求解除双方之间的买卖合同。那么，赵某能否解除借款合同?

专家解析:

这个问题涉及商品房买卖合同与贷款合同之间的关系问题。两者从法律性质上看是相对独立的合同,彼此之间不存在主从关系。虽然两者之间不存在主从关系,但是却紧密相连。商品房买卖合同的有效存在是商品房贷款合同存在的前提, 贷款合同存在的目的正是为了保证商品房买卖合同的实现。商品房买卖合同因法定原因和事由被确认为无效或者被撤销、解除的,贷款合同的目的也就无法实现,当然也就失去了存在的价值和意义。因此,最高人民法院《关于审理商品房买卖合同纠纷案件适用法律若干问题的解释》第二十四条规定:"因商品房买卖合同被确认无效或者被撤销、解除,致使商品房担保贷款合同的目的无法实现,当事人请求解除商品房担保贷款合同的,应予支持。"因此,买房人有权要求解除贷款合同。

那么,如何解除贷款合同。贷款合同和其他合同的不同之处在于,贷款合同的双方当事人是买受人和银行,但是占有贷款的主体却是开发商。贷款合同的解除,必须由开发商配合完成。开发商必须将已经占有的银行借款返还,买受人才能解除自己和银行之间的贷款合同。最高人民法院《关于审理商品房买卖合同纠纷案件适用法律若干问题的解释》第二十五条第二款规定:商品房买卖合同被确认无效或者被撤销、解除后,商品房担保贷款合同也被解除的,出卖人应当将收受的购房贷款和购房款的本金及利息分别返还担保权人和买受人。

专家支招:

本案中,因开发商的"一房二卖"行为,赵某对于房屋买卖合同享有解除权。同时,赵某有权解除自己和银行之间的借款合同。

但是,值得注意的是,赵某和房地产开发商解除房屋买卖合同,意味着赵某对该房屋不再享有任何权利。如果开发商没有按时向银行返还贷款,将导致赵某既无法对房屋行使所有权,又要承担对银行还款的债权的被动局面。因此,建议买受人在遇到这样的情况时,在开发商先偿还银行借款之后,再行解除双方之间的买卖合同。

34.买受人与开发商之间就房屋买卖提起诉讼时,银行是否参加诉讼? 诉讼地位是什么?

案例:

张某与明华房地产开发公司签订了一份商品房买卖合同。张某购买明华房地产开发公司开发的一套住宅。该住宅总房款为58.5万元，张某缴纳了28.5万元的首付款，余款30万元向建设银行办理了商业贷款，约定明华房地产开发公司对于贷款合同承担保证责任。后来，张某发现该房屋被明华房地产开发公司抵押给第三人。张某起诉到人民法院，要求撤销双方之间的买卖合同。银行是否需要参加张某和明华房地产开发公司之间的诉讼？如果参加，诉讼地位是什么？

专家解析：

在上一个问题中，我们已经分析了商品房买卖合同与贷款合同之间的关系问题。两者之间是相对独立的两个合同。因此，买受人和开发商之间就商品房买卖合同发生的纠纷，大多数情况下，银行是不需要参加的。但是，如果纠纷是关于合同的效力或者合同的撤销和解除，那么就和银行发生了直接的利害关系。无论商品房买卖合同被确定为无效，或者撤销，或者解除，都会直接影响到贷款协议的履行问题。因此，最高人民法院《关于审理商品房买卖合同纠纷案件适用法律若干问题的解释》第二十五条规定：以担保贷款为付款方式的商品房买卖合同的当事人一方请求确认商品房买卖合同无效或者撤销、解除合同的，如果担保权人作为有独立请求权第三人提出诉讼请求，应当与商品房担保贷款合同纠纷合并审理；未提出诉讼请求的，仅处理商品房买卖合同纠纷。担保权人就商品房担保贷款合同纠纷另行起诉的，可以与商品房买卖合同纠纷合并审理。商品房买卖合同被确认无效或者被撤销、解除后，商品房担保贷款合同也被解除的，出卖人应当将收受的购房贷款和购房款的本金及利息分别返还担保权人和买受人。

根据该解释的规定，银行是否参与到买受人和开发商之间关于合同效力的诉讼,选择权在银行。因为商品房买卖合同的无效或者撤销、解除,必然带来担保合同的解除,基于商品房买卖合同和贷款合同之间的牵连关系,如果银行选择参与诉讼,银行的诉讼地位是有独立请求权的第三人;银行也可以选择不参与诉讼,将贷款合同作为一个独立的诉讼请求单独向法院另行提起诉讼。

专家支招:

本案中,建设银行可以作为有独立请求权的第三人参加诉讼,也可以就贷款合同另行起诉。

35.买受人和银行之间就担保贷款协议发生诉讼时,开发商是否参加诉讼? 诉讼地位是什么?

案例:

张某与明华房地产开发公司签订了一份商品房买卖合同。张某购买明华房地产开发公司开发的一套住宅。该住宅总房款为58.5万元,张某缴纳了28.5万元的首付款,余款30万元向建设银行办理了商业贷款,约定明华房地产开发公司对于贷款合同承担保证责任。建设银行向明华房地产开发公司发放了全额贷款。后来,张某没有按时偿还银行贷款。银行以张某和明华房地产开发公司为共同被告提起诉讼。

专家解析:

买受人与银行之间因为贷款合同发生纠纷提起诉讼,开发商是否参与到诉讼中来,关键要看开发商在贷款合同当中的地位。

第一种情况,开发商为买受人的贷款合同承担担保责任。最高人民法院《关于审理商品房买卖合同纠纷案件适用法律若干问题的解释》第二十六条规定:如果出卖人为商品房担保贷款合同提供保证的,应当列为共同被告。

第二种情况,开发商没有为买受人的贷款合同承担担保责任。这里又分为两种情况。一是,开发商已经为买受人办理了房屋产权证,这时,开发商对该房屋不享有任何的权利义务。最高人民法院《关于审理商品房买卖合同纠纷案件适用法律若干问题的解释》第二十七条规定:买受人未按照商品房担保贷款合同的约定偿还贷款,但是已经取得房屋权属证书并与担保权人办理了商品房抵押登记手续,抵押权人请求买受人偿还贷款或者就抵押的房屋优先受偿的,不应当追加出卖人为当事人,但出卖人提供保证的除外。此时,买受人已经取得了房屋所有权,银行可以行使优先受偿权。二是,开发商既没有为贷款合同提供保证,同时买受人也没有取得房屋的所有权,也没有和银行之间办理抵押贷款登记。最高人民法院《关于审理商品房买卖合同纠纷案件适用法律若干问题的解释》第二十六条规定:买受人未按照商品房担保贷款合同的约定偿还贷款,亦未与担保权人办理商品房抵押登记手续,担保权人起诉买受人,请求处分商品房买卖合同项下买受人合同权利的,应当通知出卖人参加诉讼。那么,出卖人在诉讼中处于什么样的地位呢?如果买受人已经支付了房屋的总房款,出卖人在诉讼中属于无独立请求权的第三人,如果买受人尚未支付房屋的总房款,出卖人在诉讼中属于有独立请求权的第三人。

专家支招:

本案中,因为明华房地产公司对于张某和建设银行之间的贷款合同承担保证责任,因此,明华房地产公司应当以有独立请求权的第三人参加诉讼。

36.什么是商品房包销?售价与包销价的差价问题如何处理?

案例:

大地房地产开发公司委托安居置业公司包销某小区的新建住房。林海与大地房地产开发公司签订《认购登记书》,认购商品房一套,双方约定房价为人民币 55 万元。后林某与安居置业公司签订了《预售合同》,并按约支付了房款 55 万元给包销商,之后胡某又与大地房地产开发公司签订了《出售合同》,合同中约定的房价为 48 万元,大地房地产开发公司交付了房屋,林某住入该房。但林某向法院提起诉讼,认为安居置业公司无预售主体资格,与其签订的《预售合同》是无效合同。按《出售合同》的房价 38 万元计算,要求返还包销商多收的房款 7 万元并赔偿利息损失。

专家解析:

首先,来看一下什么是商品房包销?

商品房包销是开发商与包销人之间订立商品房包销合同,约定开发商以包销基价,将自己开发且已经建成并符合销售条件的房屋或者尚未建成但符合预售条件的期房,交由包销商以开发商的名义进行销售,在包销期满后,包销商对未销售的房屋按照合同约定的包销价格购买的一种法律行为。

商品房的包销具有以下特征：

一是，包销商必须以开发商的名义或者同时以自己作为包销商的名义进行包销行为。

二是，在包销期限内，包销商根据包销合同对商品房享有销售权、卖价权和获取包销基价与销售价之间差价的权利，开发商丧失了自行销售房屋的权利。

三是，包销商的包销行为具有一定的风险性。在包销期限届满，包销商如未将包销的商品房全部售出，则应该按合同的约定承购剩余该商品房，付清全部包销款。对于这部分剩余的包销商品房，包销商和开发商之间则由原来的包销关系转为实际上的房屋买卖关系。

四是，开发商与包销商之间的包销合同是有时间限制的，称为包销期，包销商必须在包销期内将房屋销售完，否则就要承担一定的包销风险。

接下来，我们看一下售价与包销价的差价问题如何处理？

在商品房包销中，开发商与包销商确定的包销价与实际对外的销售价之间存在差价，这是包销商所得的销售利润，是法律所允许的。

接下来，我们再来看一下包销期限届满，包销商没有销售的房屋如何处理？

最高人民法院《关于审理商品房买卖合同纠纷案件适用法律若干问题的解释》第二十条规定：出卖人与包销人订立商品房包销合同，约定出卖人将其开发建设的房屋交由包销人以出卖人的名义销售的，包销期满未销售的房屋，由包销人按照合同约定的包销价格购买，但当事人另有约定的除外。

最后,我们来看一下,出卖人在包销期限内自行销售包销的房屋,如何处理?

最高人民法院《关于审理商品房买卖合同纠纷案件适用法律若干问题的解释》第二十一条规定:出卖人自行销售已经约定由包销人包销的房屋,包销人请求出卖人赔偿损失的,应予支持,但当事人另有约定的除外。

专家支招:

本案中,一、二审法院审理后认为林某与大地房地产开发公司签订《认购登记书》,确认房价55万元是真实有效的,包销商安居置业公司以自己的名义与林某签订的《预售合同》是无效的,林某与大地房地产开发公司签订的《出售合同》中将房价写成48万是偷逃税收的行为,除房价条款无效外其余部分合法有效,胡某已付清房款并已实际住入该房,故胡某要求返还7万元和赔偿利息损失诉请不予支持。本案当事人在商品房交易中少缴税费应当补缴。

37.包销商在进行房屋销售时,发布虚假广告,开发商应当承担什么样的责任?

案例:

兴业房地产公司与安家置业公司签订了一份商品房包销合同。合同中约定,由安家置业公司负责销售兴业房地产公司开发的40套商品房，每套房子的包销价格为 25 万元，安家置业公司向兴业房地产公司交付总包销款 1000 万，具体的销售事宜，包括销售策划、广告发布等，由安家置业公司全权负责，对于销售过程中发生的各种问题，开发商不承担任何责任。合同签订后，兴业房地产公司将包销房屋的相关资料交给了安家置业公司。安家置业公司在销售广告中有虚假宣传的行为，买受人提起诉讼，要求兴业房地产公司赔偿损失。兴业房地产公司以自己和安家置业公司的约定为由，拒绝承担赔偿责任，认为应当由安家置业公司承担责任。

专家解析：

最高人民法院《关于审理商品房买卖合同纠纷案件适用法律若干问题的解释》第二十条规定：出卖人与包销人订立商品房包销合同，约定出卖人将其开发建设的房屋交由包销人以出卖人的名义销售的，包销期满未销售的房屋，由包销人按照合同约定的包销价格购买，但当事人另有约定的除外。根据该规定，我们明确了这样几个法律关系：出卖人和包销人之间是基于委托合同而形成的委托代理法律关系，出卖人和买受人之间属于买卖合同的法律关系，而包销人和买受人之间没有直接的法律关系。

出卖人和包销人在委托合同中关于免责条款的约定能否对抗买受人？《合同法》第三百九十六条规定：委托合同是委托人和受托人约定，由受托人处理委托人事务的合同。第三百九十七条规定：委托人可以特别委托受托人处理一项或者数项事务，也可以概括委托受托人处理一切事务。《民法通则》第六十三条第二款规定：代理人在代理权限内，以被代理人的名义实施民事法律行为。被代理人对代理人的代理行为，承担民事责任。根据法律规定，出卖人委托包销人处理销售过程中的各项事务,对于包销人的包销行为给第三人造成的损失,应当由出卖人承担相应的责任。同时,在房屋买卖合同中,合同的主体是出卖人而非包销人。《合同法》第一百零七条规定:当事人一方不履行合同义务或者履行合同义务不符合约定的,应当承担继续履行、采取补救措施或者赔偿损失等违约责任。也就是说,违约责任的承担只发生在合同的双方当事人之间。因此,出卖人和包销人在委托合同中关于免责条款的约定不能对抗买受人。买受人基于虚假广告行为,可以追究出卖人相应的违约责任。

那么,出卖人向买受人承担了赔偿责任后,包销人是否承担责任?这里区分三种情况。第一种情况,虚假广告是基于出卖人提供的虚假信息和资料。这时,包销人对于虚假广告没有过错,出卖人无权追究包销人的责任。第二种情况,出卖人提供的房屋信息真实,包销人在出卖人不知情的情况下做虚假宣传,根据《民法通则》第六十六条第二款规定:代理人不履行职责而给被代理人造成损害的,应当承担民事责任。此时,出卖人在对买受人承担了赔偿责任的情况下,可以向包销人追偿。第三种情况,出卖人提供的房屋信息真实,包销人进行了虚假宣传,出卖人在明知包销人进行虚假宣传的情况下,没有进行阻止,此时,根据《民法通则》第六十七条规定:代理人知道被委托代理的事项违法仍然进行代理活动的,或者被代理人知道代理人的代理行为违法不表示反对的,由被代理人和代理人负连带责任。出卖人和包销人之间对买受人承担连带赔偿责任。

专家支招:

在有包销商的情况下,买受人要充分了解包销商和出卖人之间的法律关系,要明确买卖合同的主体只能是出卖人和自己,同时也要认可包销价格和销售价格之间的价差,明确买卖合同发生纠纷时的责任主体也是出卖人。

38.包销商是否可以以低于包销价格的价格出售包销的商品房?

案例:

如果在上述的案例中,安家置业公司在包销的过程中,以低于和兴业房地产开发公司约定的包销价格销售包销的房屋,是否有效?

专家解析:

最高人民法院《关于审理商品房买卖合同纠纷案件适用法律若干问题的解释》第二十条规定:出卖人与包销人订立商品房包销合同,约定出卖人将其开发建设的房屋交由包销人以出卖人的名义销售的,包销期满未销售的房屋,由包销人按照合同约定的包销价格购买,但当事人另有约定的除外。根据该法律规定,出卖人和包销人在包销合同中主要规范的是包销价格,出卖人也是按照包销价格获得利益。同时,包销人根据该包销合同获得的是对于包销房屋的独立的销售权,也就是说,出卖人对于包销商实际的销售价格不得作出干涉。包销人的期待利益是销售价格和包销价格之间的差价部分,同时也承担销售价格低于包销价格的差价部分的损失以及包销房屋未销售的损失,这是包销商正常的经营销售风险。因此,对于包销商实际的商品销售价格,出卖人不应当作出干涉，以低于包销价格销售的房屋买卖行为有效。

专家支招：

对于包销人而言，为了保证自己的利益最大化，在包销商品房之前，应当做好相应的市场调研工作，对于包销价格以及包销数量要尽量符合房地产市场的行情以及自身的销售能力，切不可盲目，避免因销售不擅，导致不仅没有获利，反倒亏本。

从出卖人的角度，一定要选择有实力、有信誉的包销商。因为买卖合同的主体毕竟是自己。而且，包销的好坏，也会直接影响到出卖人在房地产行业的形象和信誉，影响出卖人的长期利益。

从买受人的角度，包销商和出卖人约定的包销价格对于买受人没有约束力，买受人可以根据自己对商品房的预期和包销人商议，争取到对自己最为有利的价格。

第三篇

二手房买卖

39.什么是"买卖不破租赁"?

❀   ❀   ❀

案例:

王先生购买了李女士的一套二手房。双方签订《商品房买卖合同》前,李女士告知王先生,该房屋现在被丁先生承租,租期还有六个月。王先生认为自己作为新的房主可以随时解除出租合同,要求丁先生搬离。王先生与李女士签订了买卖合同并办理了过户手续。随后,王先生找到丁先生,要求丁先生限期1个月搬离。丁先生以"买卖不破租赁"为由,拒绝,同时,丁先生向法院提起诉讼,主张王先生和李女士之间的买卖合同无效。

专家解析:

"买卖不破租赁"是一个法律专用术语,强调的是,租赁关系在前,买卖关系在后。在租赁关系存续期间,即使所有权人将房屋出卖给第三人,对租赁关系也不产生任何影响,买受人不能以其已成为房屋的所有人为由否认原租赁关系的存在并要求承租人返还房屋,承租人有权继续租赁并占有该房屋直至租赁期限届满。

《合同法》第二百二十九条规定:"租赁物在租赁期间发生所有权变动的,不影响租赁合同的效力。"《城市房屋租赁管理办法》第十一条规定:"租赁期限内,房屋出租人转让房屋所有权的,房屋受让人应当继续履行原租赁合同的规定";最高人民法院《关于贯彻执行〈民法通则〉若干问题的意见(试行)》第一百一十九条第二款规定:"私有房屋在租赁期内,因买卖、赠与或者继承发生房屋产权转移的,原租赁合同对承租人和新房主继续有效"。

专家支招：

本案中，丁先生以"买卖不破租赁"为由，拒绝王先生的搬离要求是合法的。丁先生可以继续租住该房屋直至租赁期限届满。

二手房的买受人应当在购房前充分了解要购买的房屋是否已经出租或者抵押的事实。

40.承租人对于租赁物是否享有优先购买权？

案例：

同案例39。

专家解析：

承租人提出的"优先购买权"是指出租人出卖房屋时，承租人在同等条件下，依法享有优先购买的权利。《合同法》第二百三十条规定："出租人出卖出租房屋的，应当在出卖之前的合理期间内通知承租人，承租人享有以同等条件优先购买的权利。"《城市私有房屋管理条例》第十一条规定："房屋所有人出卖出租房屋，须提前三个月通知承租人，在同等条件下承租人享有优先购买权。"；最高人民法院《关于贯彻执行〈民法通则〉若干问题的意见》第一百一十八条规定："出租人出卖房屋，应提前3个月通知承租人，承租人在同等条件下，享有优先购买权；出租人未按此规定出卖房屋，承租人可以请求人民法院宣告该房屋买卖无效。"

专家支招：

丁先生向法院提起诉讼，主张买卖合同无效，也会得到法院的支持，丁先生在同等条件下享有优先购买权。

建议二手房出卖人在出卖房屋前充分考虑到承租人、其他共有人的优先购买权。

41.无产权证的房屋，买卖合同是否有效？

案例：

季女士的一套房屋产权证正在办理过程中。闫先生为孩子上学方便，着急购买。双方签订了商品房买卖合同，闫先生按照合同约定支付了全额购房款，双方约定房屋产权证办理完毕之日起 30 日内办理变更登记。后来，该房屋价格上涨，季女士起诉到法院，以房屋无产权证为由，主张合同无效，请求闫先生返还房屋，并愿意返还闫先生的购房款及其利息。

专家解析：

首先，我们来看一下无产权证的房屋是否可以转让？我国《城市房地产管理法》第三十八条规定：未依法登记领取权属证书的房地产，不得转让。该条的法律规定是从规范物权行为，保证交易安全的角度，对房地产行政管理机关提出的要求。也就是说，对于未取得产权的房屋不能办理过户手续。

其次，我们来看一下无产权证的房屋买卖合同是否有效？买卖双方在明知该房屋没有产权证，无法办理过户的情况下，自愿达成买卖协议，双方意思表示真实，不存在欺诈或者重大误解等引起合同无效的法定原因。同时,根据我国《物权法》第十五条的规定:当事人之间订立有关设立、变更、转让和消灭不动产物权的合同,除法律另有规定或者合同另有约定外,自合同成立时生效;未办理物权登记的,不影响合同效力。这一法律规定也进一步明确了房屋买卖合同和房屋权属登记之间的关系。也就是说,是否办理房屋变更登记,不影响房屋买卖合同的效力。

专家支招:

　　季女士的诉讼请求不会得到法院的支持。季女士和闫先生之间的房屋买卖合同有效,季女士无权要求闫先生返还房屋,季女士还必须按照合同的约定,协助闫先生办理房产变更登记。

　　虽然无产权证的房屋买卖合同本身有效,但是对于买受人而言,风险增大。一方面的风险在于,出卖人有可能不具备处分该房屋的权利而导致买卖无效;另一方面的风险在于,出卖人有可能在取得房屋产权证之后,将房屋再行转让给善意的第三人,并办理产权变更登记,这样一来,买受人就面临着无法实现对房屋的物权,而只能实现对出卖人基于合同的债权请求。鉴于此,购买无产权证的房屋必须慎重。

42.未办理房产过户手续,房屋买卖合同是否有效?

案例:

　　2008年5月20日,李某与马某签订了一份房屋买卖协议,双方约定:李某自愿将其所有的一套商品房,以90万元的价格出售给马某,合同签订之日马某支付房款 70 万元,余款 20 万元于同年 8 月 20 日前李某交付房屋时一次性支付。李某承诺在 9 月 20 日之前协助马某办理房产过户手续。协议签订后,马某按约付清了房款,李某也交付了房屋。后因房屋价格上涨,李某后悔,不想把房子卖给马某。2008 年 9 月 20 日,马某依约要求郭某办理房屋过户手续遭李某拒绝。李某于同年 10 月 10 日诉至法院,以房屋未办理房产过户手续为由要求法院判令房屋归为自己所有,要求马某返还房屋,并表示愿意退还房款及其利息。

专家解析:

我国《物权法》第十五条规定:当事人之间订立有关设立、变更、转让和消灭不动产物权的合同,除法律另有规定或者合同另有约定外,自合同成立时生效;未办理物权登记的,不影响合同效力。我国《合同法》第八条规定:依法成立的合同,对当事人具有法律约束力。当事人应当按照约定履行自己的义务,不得擅自变更或者解除合同。最高人民法院法发(1993)37 号《全国民事审判工作座谈会议纪要》规定:"审理房地产案件,应尊重合同双方当事人的意思表示。只要双方当事人的约定不违反法律政策,不损害国家利益,公共利益和他人利益,就应维护合同的效力。"根据上述法律规定,商品房买卖合同自双方签订之日起生效。未办理房产过户手续不影响合同的生效。

同时,我国《合同法》第六十条规定:当事人应当按照约定全面履行自己的义务。商品房买卖合同的双方当事人应当全面履行合同当中规定的义务。买受人应当履行按照约定支付房屋价款的义务;出卖人应当履行交付房屋并协助办理房产过户手续的义务。

专家支招:

本案中,李某的诉讼请求不能得到人民法院的支持。李某和马某之间的买卖合同有效,李某应当按照约定协助马某办理房产过户手续。

43.签订二手房买卖合同时要注意哪些问题?

案例:

张女士因孩子上学,准备在一所重点小学的学区购买一套二手房。那么,张女士在签订二手房买卖合同时需要注意哪些问题?

专家解析:

二手房买卖合同属于买卖合同的一种,应当具备《合同法》中所要求的合同的主要内容,具体在签订的过程中,应当注意下列问题:

首先,须确认卖方的真实身份。一是要核对卖方的身份证明和房产证原件,确保卖方是房屋的所有权人;二是要看房产证原件上,房屋是否存在共有人,如果存在共有人,必须经全体共有人同意才能出卖该房屋,这时或者是全体共有人都在场,或者是持有共有人的授权委托书。

其次,必须标明付款过户时间:在实际操作中买方会将房款分为首付和尾款两部分在不同时间段付给房主;必须注明费用交接时间。这是买方所应关注的房屋本身附属问题,属于"房屋交付"中的重要条款,一定要注明水、电、煤气、物业、供暖等各项费用的交接年月日。

第三,签订二手房买卖合同时必须明确双方违约责任:因为房产交易过程复杂,交易金额巨大,而且房产交易对双方当事人意义也比较重大。在房产交易过程中,为了避免出现一方违约或者怠于履行义务的情况,在明确双方的权利义务的同时,必须明确双方的违约责任,既包括卖方不履行交房义务、怠于履行房屋过户手续等违约责任,也要规定买方迟延付款等行为的违约责任,保证双方权利义务和责任的对等。

最后,买卖双方要学会使用补充协议。买卖双方在签订二手房买卖合同时如果遇到合同条款不明确,或需要进一步约定时,要在合同相关条款后的空白行或在合同后填写附加条款,将合同中对双方的意思写明,会减少后续阶段因意思含混而造成的不便与麻烦。

专家支招:

二手房买卖中,应当尽量细化买卖双方的权利义务,明确双方的责任。必要的时候,可以聘请专业人士参与买卖活动,维护自身的合法权益。

44. 如何避免买卖合同条款过于简单而引起纠纷?

案例:

刘某和董某是多年的邻居,关系一直不错。2011 年 5 月,董某和刘某签订了《房屋买卖合同》,董某将自己的一处房产卖给刘某。因双方比较熟悉,在签订合同时比较简单。合同中约定:房屋总价款为 58 万元,房屋首付款为 10 万元,余款在过户手续办理当日付清。合同签订后一个月过去了,刘某一直声称自己在筹措首付款,很快就会凑齐。当时正值房价攀升之际,房价每平方米上涨了 2000 元。董某告知刘某,因其不能支付首付款,房屋不再卖给刘某,要求解除合同。但是刘某坚决不同意解除合同,称可以支付首付款。无奈之下,刘某将董某告上了法庭,要求其继续履行合同。问:双方的合同内容如何认定?刘某的诉讼请求能否得到法院的支持?

专家解析:

《商品房销售管理办法》第十六条规定:商品房买卖合同应当明确以下主要内容:(一) 当事人名称或者姓名和住所;(二) 商品房基本状况;(三)商品房的销售方式;(四)商品房价款的确定方式及总价款、付款方式、付款时间;(五)交付使用条件及日期;(六)装饰、设备标准承诺;(七)供水、供电、供热、燃气、通讯、道路、绿化等配套基础设施和公共设施的交付承诺和有关权益、责任;(八)公共配套建筑的产权归属;(九)面积差异的处理方式;(十)办理产权登记有关事宜;(十一)解决争议的方法;(十二)违约责任;(十三)双方约定的其他事项。本案的起因就在于双方当事人签订的买卖合同过于简单。合同中关于最基本的付款方式和付款时间都没有明确规定。在这种情况下, 付款时间如何认定?买受人是否能够认定为违约行为?出卖人能否要求解除合同?此时,只能依据《合同法》的基本原则来处理纠纷。《合同法》第一条规定:为了保护合同当事人的合法权益,维护社会经济秩序,促进社会主义现代化建设,制定本法。第八条规定:依法成立的合同,对当事人具有法律约束力。当事人应当按照约定履行自己的义务, 不得擅自变更或者解除合同。依法成立的合同,受法律保护。双方当事人的约定属于依法成立的合同,买受人表示有能力继续履行合同,此时,出卖人不具备解除合同的条件,合同应当继续履行。

专家支招：

本案给我们的启示是"亲兄弟明算账"。也就是说，不管当事人之间的社会关系如何，在法律关系上应当是慎重的，必须将双方的法律关系置于法律之下，明确约定双方的权利义务，合同条款应当尽量细化，同时建议采取通用的格式文本，避免不必要的纠纷。

45. 如何提防模糊付款方式引发的问题？

案例：

刘某和董某是多年的邻居，关系一直不错。2011年5月，董某和刘某签订了《房屋买卖合同》，董某将自己的一处房产卖给刘某。2011年6月双方办理了过户手续，刘某在该房屋内居住。2011年12月，董某起诉到法院要求刘某支付购房款85万元及其利息。刘某辩称自己已经支付了全部购房款。问：房屋已经过户并交付使用能否证明买受人已经支付了购房款？

专家解析：

本案争议的焦点是刘某是否已经支付了购房款？房屋已经过户并交付使用的事实能否证明买受人已经支付了购房款？

首先，看一下买卖合同和房屋产权变更的法律关系。两者为相互独立的法律关系。买卖合同为买卖双方当事人之间的债权债务法律关系，房屋产权变更为物权法律关系。因此，房屋交付使用并办理了房屋过户手续,只能证明出卖人已经履行了买卖合同中约定的全部义务,不能证明买受人已经履行了付款义务。

其次,看一下本案的举证责任。根据民事诉讼"谁主张、谁举证"的举证责任规则,最高人民法院《关于民事诉讼证据的若干规定》第五条第二款规定:"对合同是否履行发生争议的,由负有履行义务的当事人承担举证责任。"刘某负有付款责任,应该由其负责付款举证。

专家支招:

本案中,刘某如果无法提供已经付清全部购房款的证据,就不能证明其履行了合同中约定的付款义务,应当承担继续履行合同并承担违约责任的法律责任和法律后果。

本案给我们的启示是,商品房买卖过程中,除了要仔细斟酌和敲定合同条款,也要具有高度的证据意识,要索要并保管好各种证据材料。比如,收款收据等等。防止发生纠纷后因证据不足而败诉。

46.夫妻一方擅自处分共有房屋,与善意第三人签订的合同是否有效?

案例:

刘某和王某于 2005 年结婚,2008 年共同购买房产一套。应妻子刘某要求,房产证上仅登记刘某一人的名字。后双方感情不和,常为家庭琐事发生争执。2009 年,刘某在未告知王某的情况下,擅自将共有房产以市场价卖给不知情的张某,并办理了房产变更登记。王某知道后,起诉到人民法院,以该房产为夫妻共有财产,刘某擅自出售属无权处分为由,主张该房屋买卖合同无效,并要求张某归还房屋,恢复原来的房产登记。

专家解析:

夫妻关系存续期间购买的房屋属于夫妻共有财产,其中一方擅自处分的,属于无权处分的行为。

我国《物权法》第一百零六条规定:无处分权人将不动产或者动产转让给受让人的,所有权人有权追回;除法律另有规定外,符合下列情形的,受让人取得该不动产或者动产的所有权:(一)受让人受让该不动产或者动产时是善意的;(二)以合理的价格转让;(三)转让的不动产或者动产依照法律规定应当登记的已经登记,不需要登记的已经交付给受让人。受让人依照前款规定取得不动产或者动产的所有权的,原所有权人有权向无处分权人请求赔偿损失。

同时,2011 年 8 月 13 日开始实施的最高人民法院《关于适用〈婚姻法〉若干问题的解释(三)》第十一条规定:一方未经另一方同意出售夫妻共有的房屋,第三人善意购买、支付合理对价并办理产权登记手续,另一方主张追回该房屋的,人民法院不予支持。

专家支招:

本案中,王某的诉讼请求不能得到人民法院的支持。虽然刘某属于擅自处分共有财产的行为,张某属于善意第三人,并且按照市场价格购买该房屋,并办理了房产变更手续,按照法律规定,张某对该房屋的所有权受法律保护。王某只能向刘某要求分割售房所得。

从夫妻及其他共有人的角度出发，对于不动产的共有一定要在不动产登记中做出记载，以保护自己对共有财产的共有权，尤其是处分权；从买受人的角度出发，买受人对于自己购买的房屋是否属于共有财产负有一定的谨慎审查的义务，以避免因为共有财产的纠纷影响不动产物权的实现。

47.夫妻一方擅自出卖登记在自己名下的房产是否有效？

案例：

2001年，张女士和袁先生结婚。2005年10月，二人购买了一套商品房，房屋登记的所有权人为袁先生。2007年，两人感情出现裂痕，张女士携带房产证跑回娘家。次日，袁先生到房地产管理部门办理了房产证的挂失手续，并补办了新的房产证。2008年3月14日，袁先生将该房屋卖给了丁某，丁某对于该房屋归张女士和袁先生共同所有的事实毫不知情，双方签订了买卖合同，丁某支付了房屋的总价款后，双方办理了房产过户手续。张女士知道后，以自己属于房屋的共有人，对于房屋的转让没有征得自己同意为由，主张合同无效，并办理房产变更登记。

专家解析：

首先，我们来判断一下什么是夫妻共有财产？《婚姻法》第十七条夫妻在婚姻关系存续期间所得的下列财产，归夫妻共同所有：（一）工资、奖金；（二）生产、经营的收益；（三）知识产权的收益；（四）继承或赠与所得的财产，但本法第十八条第三项规定的除外；（五）其他应当归共同所有的财产。第十八条有下列情形之一的,为夫妻一方的财产:(一)一方的婚前财产;(二)一方因身体受到伤害获得的医疗费、残疾人生活补助费等费用;(三)遗嘱或赠与合同中确定只归夫或妻一方的财产;(四)一方专用的生活用品;(五)其他应当归一方的财产。夫妻在婚姻关系存续期间购买的房屋属于典型的夫妻共有财产,共有关系不因房屋所有权登记而发生改变。

接下来,我们来看一下房屋买卖合同及产权变更的效力。《物权法》第一百零六条规定:无处分权人将不动产或者动产转让给受让人的,所有权人有权追回;除法律另有规定外,符合下列情形的,受让人取得该不动产或者动产的所有权:(一)受让人受让该不动产或者动产时是善意的;(二)以合理的价格转让;(三)转让的不动产或者动产依照法律规定应当登记的已经登记,不需要登记的已经交付给受让人。受让人依照前款规定取得不动产或者动产的所有权的,原所有权人有权向无处分权人请求赔偿损失。当事人善意取得其他物权的,参照前两款规定。最高人民法院《关于适用〈婚姻法〉若干问题解释(三)》第十一条规定:一方未经另一方同意出售夫妻共有的房屋,第三人善意购买、支付合理对价并办理产权登记手续,另一方主张追回该房屋的,人民法院不予支持。

专家支招:

本案中,张女士和袁先生在婚姻关系存续期间购买的房屋属于夫妻共有财产。袁先生在没有征得张女士的同意下,擅自将该房屋出售给丁某,由于丁某对于房屋共有的事实毫不知情,而且是按照当时的市场价格购买了房屋,并办理了房产变更手续,属于善意第三人,依法取得房屋的所有权。张女士只能向袁先生请求分割卖房所得及损害赔偿。

对于被界定为夫妻共有的房屋,即使登记在一方名下,也不能改变夫妻共有财产的性质。但是,在实践中,为了全面地保护自身的利益,不建议将夫妻共有房屋登记在一方名下。

同时,我们也要注意,并非掌握了产权证就掌握了房屋的所有权。房屋的产权证完全可以通过挂失等方式在房地产行政管理部门进行补办。

一旦房屋的所有权登记在一方名下,被另一方擅自处置,并且办理了房地产过户手续。此时的房屋所有权已经发生变更,受害人不要纠结在自己的委屈之中,更为重要的也更为理性的是,追查擅自处分方的房屋价款去向,申请财产保全后起诉分割,尽量多地争取对房屋价款的分配数额,将自己的损失降到最低。

48.非房屋所有权人出售房屋,与第三人签订的合同是否有效?

案例:

2005 年 10 月,赵某打算购买一套二手房,在网上看到丁某有房出售,网上留的联系电话是丁某的儿子丁某某。赵某和丁某某取得联系后,经过实地看房并协商价格,决定以 50 万元的价格购买丁某的房屋。2005 年 11 月 20 日,赵某和丁某某签订了房屋买卖合同,签约时,赵某考虑到丁某某和丁某之间的父子关系,而且急于购房,没有要求丁某某提供丁某的授权委托书。赵某按照合同约定支付了房款。后来,丁某某没有按照约定办理房屋过户手续。赵某将丁某起诉到人民法院,请求丁某继续履行合同,按照约定办理房产过户手续。丁某提出,自己并没有出卖房屋的想法,是丁某某擅自出卖自己的房屋,房屋买卖合同无效。

专家解析：

我国《合同法》第四十八规定：行为人没有代理权、超越代理权或者代理权终止后以被代理人名义订立的合同，未经被代理人追认，对被代理人不发生效力，由行为人承担责任。

专家支招：

本案中，赵某的诉讼请求不会得到法院的支持。丁某某和房屋的所有权人丁某是父子关系，但并不一定取得房屋买卖的代理权。丁某某在没有取得丁某同意的情况下，擅自处分丁某的房屋，属于无权代理的行为，代理行为的效力待定，赵某和丁某签订的合同属于效力待定的合同。丁某拒绝对该房屋买卖合同进行追认，属于无效合同，对丁某不发生法律效力。赵某只能要求丁某某赔偿自己的损失。

房屋买卖合同，买受人必须和房屋所有权人本人签订，房屋所有权的确定必须以房产证的记载为准。如果出卖人委托他人出卖房屋的，买受人必须要求委托人出示公证的授权委托书，降低和避免商品房交易中的风险。

49."一房二卖"，两份合同的效力如何认定？   房屋的产权如何认定？

案例：

张某准备在广州市中心购置一套婚房。2009 年 7 月，他选中了一套建筑面积 40 平方米的房子，经过与房主赵某协商，最终以 55 万元达成协议。因为该房正处在出租状态，租期到2009年12月31日。2009年8月1日，双方签订了买卖合同，合同中对房屋的地点、面积、总价、付款方式及房屋交付等内容均作出了明确约定。其中，关于付款，双方约定，合同签订之日，张某支付定金2万元，首付款45万元在租赁期满日前支付，并在该日前办理过户手续。因为房价上涨，赵某在11月20日又将该房屋以65万元的价格卖给了丁某某，双方办理了产权变更登记手续。张某为了结婚，情急之下，又在此房附近购买了一套面积差不多的房子，总价款为64万元。张某起诉至人民法院，要求赵某双倍返还定金4万元，同时赔偿损失7万元。

专家解析：

最高人民法院《关于审理商品房买卖合同纠纷案件适用法律若干问题的解释》第八条"具有下列情形之一，导致商品房买卖合同目的不能实现的，无法取得房屋的买受人可以请求解除合同、返还已付购房款及利息、赔偿损失，并可以请求出卖人承担不超过已付购房款一倍的赔偿责任"中的第二项就是"商品房买卖合同订立后，出卖人又将该房屋出卖给第三人"，但此处的商品房买卖合同根据该司法解释第一条"本解释所称的商品房买卖合同，是指房地产开发企业（以下统称为出卖人）将尚未建成或者已竣工的房屋向社会销售并转移房屋所有权于买受人，买受人支付价款的合同"，并不适用二手房买卖合同。目前我国对二手房出卖人"一房二卖"的交易行为并无具体的、专门的法律法规或其他规范性的规定。

这样一来，二手房"一房二卖"只能适用《合同法》《担保法》等基本法律的相关规定。《合同法》第一百零七条规定"当事人一方不履行合同义务或者履行合同义务不符合约定的,应当承担继续履行、采取补救措施或者赔偿损失等违约责任"的规定,对债权得不到满足的买受人承担赔偿损失的责任。基于后一买受人物权的实现,前一买受人要求出卖人继续履行已经不可能,依据《合同法》第一百一十条第一项的规定,出卖人对买受人不履行非金钱债务或者履行非金钱债务不符合约定的,在法律上或者事实上不能履行情况下,买受人不得要求履行。因此,前一买受人只能要求出卖人承担赔偿损失的违约责任。

专家支招:

本案中,张某和赵某的房屋买卖合同在前,丁某某和赵某的房屋买卖合同在后,丁某某对于张某和赵兵之间的房屋买卖合同毫不知情,属于善意第三人。因此,丁某某依法可以取得房屋的所有权。张某只能向赵某行使债权请求权,要求赵某赔偿损失,但无法获得房屋的所有权。

50.房屋价格上涨,卖方反悔,买方的权利如何得到救济?

案例:

同案例49。

专家解析:

关于合同的效力和房屋所有权的归属问题在上一个问题中我们已经解决。在这里,我们所要解决的是,房屋价格上涨,卖方反悔,买方的权利如何救济,也就是如何要求卖方承担赔偿责任的问题。赔偿责任的大小多少如何确定?是否包括买受人因价格上涨受到的损失?我们认为,损害赔偿,除法律另有规定或合同另有约定外,应以弥补买受人所受损害及所失利益为限。《合同法》第一百一十三条规定:当事人一方不履行合同义务或者履行合同义务不符合约定,给对方造成损失的,损失赔偿额应当相当于因违约所造成的损失,包括合同履行后可以获得的利益,但不得超过违反合同一方订立合同时预见到或者应当预见到的因违反合同可能造成的损失。实务中,出卖人往往在房地产升值时,见利背信而与后买受人成交,对此买卖标的物的涨价部分,系前买受人可期待利益,应视为所失利益,列入赔偿范围之内。这样才能更彻底地履行公平和诚信原则。

专家支招:

本案中,张某请求人民法院,要求赵某双倍返还定金4万元,同时赔偿损失7万元。这一诉讼请求能够得到人民法院的支持。首先,根据《担保法》第八十九条规定:当事人可以约定一方向对方给付定金作为债权的担保。债务人履行债务后,定金应当抵作价款或者收回。给付定金的一方不履行约定债务的,无权要求返还定金;收受定金的一方不履行约定的债务的,应当双倍返还定金。所以,张某要求双倍返还定金4万元的诉讼请求能够得到支持。其次,关于赔偿损失7万元,张某因赵某违约,无法实现房屋买卖合同,因而重新购买了一套房屋,为此多花费9万元,这9万元属于张某的损失,而赵某将该房屋多卖了10万元,这10万元属于张某的可期待利益。这样一来,损害赔偿的原则是赔偿与损失相当,因此,扣除双倍返还的定金2万元,张某要求赵某赔偿7万元损失是正当的,能够得到法院的支持。

51.卖方违约,定金如何处理?

案例:

2010 年 11 月 27 日,李某购买了陈某的一套房屋,双方签订了《房屋买卖合同》,约定:房屋价款为 80 万元,买受人向某银行申办抵押贷款,如未能获得贷款批准,则买受人继续申请其他银行贷款,至贷款批准。李某于合同签订之日支付房屋首付款 20 万元(其中定金 2 万元)。

由于陈某出售的房屋存在银行抵押,需要先办理该房屋的解押手续才能与李某进行交易,但在陈某办理解押后,却通知李某因其办理贷款时间过长,不能再等待,并于 2010 年 12 月 30 日未经陈某同意将房屋首付款及定金打入陈某银行账户,意欲解除合同。后李某与陈某进行协商,陈某表示将不再继续履行合同。

专家解析:

《担保法》第八十九条规定:当事人可以约定一方向对方给付定金作为债权的担保。债务人履行债务后,定金应当抵作价款或者收回。给付定金的一方不履行约定的债务的,无权要求返还定金;收受定金的一方不履行约定债务的,应当双倍返还定金。第九十条规定:定金应当以书面形式约定。当事人在定金合同中应当约定交付定金的期限。定金合同从实际交付定金之日起生效。第九十一条规定:定金的数额由当事人约定,但不得超过主合同标的额的百分之二十。

专家支招：

本案的被告在双方签订完房屋买卖合同并支付定金、首付款后，因等不及原告办理贷款手续时间，在未经原告同意的情况下将房屋首付款及定金强行打入原告银行账户，意图拒绝继续履行合同的行为属于违约，应当承担违约责任。同时，原、被告双方在房屋买卖合同中已经约定定金为 2 万元，且被告已收受原告交付的定金。因此，依照法律规定的定金罚则，被告作为违约方应当向交付定金的原告双倍返还定金。

定金条款是对双方的一种有效的约束手段，建议在房屋买卖合同中设定定金条款。同时，必须注意，定金的数额虽然由双方当事人约定，但不是随意设定的，不得超过主合同标的额的百分之二十。

52.定金和订金的区别是什么？

案例：

2011 年 5 月 15 日，余某与赵某签订了一份房屋买卖合同，合同中约定：余某为出卖人，赵某为买受人，买受人以 80 万元的价格购买出卖人的一套房屋。合同签订之日，买受人支付订金 10 万元。买受人于 2011 年 5 月 30 日前支付首付款 50 万元。余款在办理房产过户手续时一次性缴清。2011 年 5 月 25 日，余某得知房屋所在地准备动迁，不准备出售该房屋。余某找到赵某，退还赵某订金 10 万元，要求解除合同。赵某不同意，起诉到人民法院，请求余某双倍返还 20 万元。

专家解析：

关于定金在房屋买卖合同中的效力问题，在上一个问题中已经做了全面的分析。这里，我们要解决的是定金和订金的区别问题，一字之差，但是法律效力和法律后果却是差之千里。最高人民法院《关于适用〈担保法〉若干问题的解释》第一百一十八条规定："当事人交付留置金、担保金、订约金、押金或者订金等，但没有约定定金性质的，当事人主张定金权利的，人民法院不予支持。"根据该司法解释，定金是合同担保的一种形式，订金只是合同的预付款，订金不具有定金的担保性质，不能适用定金的双倍返还。

专家支招：

本案中，赵某关于双倍返还订金的诉讼请求不能得到支持。

在房屋买卖合同中，"订金"往往会成为卖方的一个陷阱。因此，在签订买卖合同时，一定要看清楚，避免上当。

53.约定的违约金过高，违约方可否请求减少违约金？

案例：

2012年3月20日，刘先生和王女士签订了一份房屋买卖合同。合同中约定：刘先生以120万元的价格将自己一套面积为100平方米的房子转让给王女士；王女士于合同签订当日支付首付款50万元，于4月30日前支付余款；刘先生在王女士付清余款之日交付房屋；王女士未能按期支付余款，迟延1日，支付余款1‰的违约金；刘先生迟延交房的,迟延1日,支付总价款1‰的违约金。合同签订后,王女士于4月28日支付余款,而刘先生在5月8日才交付房屋。王女士起诉到人民法院,要求刘先生按照约定支付违约金12万元。

专家解析:

违约金是当事人承担违约责任的一种主要方式,我国关于违约金的性质,侧重于违约金的补充性质而非惩罚性质。我国《合同法》第一百一十四条规定:当事人可以约定一方违约时应当根据违约情况向对方支付一定数额的违约金,也可以约定因违约产生的损失赔偿额的计算方法。约定的违约金低于造成的损失的,当事人可以请求人民法院或者仲裁机构予以增加;约定的违约金过分高于造成的损失的,当事人可以请求人民法院或者仲裁机构予以适当减少。也就是说,违约金虽然可以由双方当事人约定,但是必须和守约方受到的损失相当。另外,我们还需要注意的是,我国《合同法》第一百一十六条规定:当事人既约定违约金,又约定定金的,一方违约时,对方可以选择适用违约金或者定金条款。也就是说,违约金条款和定金条款不能同时适用,只可选择性使用。

专家支招:

本案中,王女士要求刘先生支付违约金的诉讼请求可以得到法院的支持,但具体违约金的数额就要依据王女士的损失情况具体确定。

在房屋买卖合同中,约定定金条款或者违约金条款是必要的,是对自身权利的一种有效的保护。但是,违约金条款不应当以惩罚为目的,违约金数额应当综合考虑自身因为违约行为受到损失的程度,尽量避免过高或者过低。

54.房价上涨,卖方支付违约金是否可以终止履行合同?

案例:

2012 年 4 月 13 日,张三购买了李四的一套房屋,双方签订了房屋买卖合同。合同约定:张三以 80 万元的价格购买李四的一套房屋,张三在合同签订之日支付首付款 15 万元,李四在 2012 年 5 月 1 日前将房屋交付给张三使用,双方在 10 月 1 日前办理房产过户手续。双方还约定,如果一方违约,造成交易不成功,需向对方支付房屋总价款 5%的违约金。张三按照约定支付了首付款,李四也按照约定交付了房屋。但是,在办理房产过户手续之前,李四发现房屋所在地段被确定为商业区,房屋价格翻倍。李四后悔将房屋卖给了张三。李四找到张三,提出返还张三支付的房款及其利息,并自愿承担房屋总价款 5%的违约金,要求解除合同。李四的请求遭到了张三的拒绝。张三起诉至人民法院,要求李四继续履行合同。

专家解析:

我国《合同法》第八条规定:依法成立的合同,对当事人具有法律约束力。当事人应当按照约定履行自己的义务,不得擅自变更或者解除合同。这是合同法诚实守信原则的根本要求。同时,《合同法》第一百零七条规定:当事人一方不履行合同义务或者履行合同义务不符合约定的,应当承担继续履行、采取补救措施或者赔偿损失等违约责任。也就是说,法律在追究合同一方当事人的违约责任时,首选的责任承担方式也是要求违约方继续履行合同,也就是说,违约方在具备履行合同的能力的情况下,对守约方最好的救济方式就是继续履行合同。只有在继续履行合同的条件不具备的情况下,才考虑通过采取补救措施或者赔偿损失的方式追究违约方的违约责任。

专家支招:

本案中,张三和李四签订的商品房买卖合同是合法有效的。李四主动承担支付违约金的赔偿方式主要是基于房价上涨,而且房价上涨的利益远远大于违约金的损失。而从张三和李四的商品房买卖合同本身而言,双方的意思表示真实,而且李四之后没有对该房屋进行再次的处置,对于房屋买卖合同不存在第三方的争议。也就是说,李四完全具备继续履行合同的可能。在这种情况下,法院会支持张三的请求,要求李四继续履行合同。

商品房买卖合同一经签订,即具有相应的法律效力,双方当事人都要依据诚实守信的原则,按照合同的约定,全面、及时地履行合同义务。

55.网上签约是否具有法律效力?

案例:

北京市首例因房屋买卖网上签约引发的诉讼:2009 年 2 月,原告(卖方)准备向被告(买方)出售一套房屋。按照北京市建委《关于全面推行存量房买卖合同网上签约有关问题的通知》的要求(存量房即二手房),双方到北京市朝阳区房屋产权权属登记中心进行了网上签约。

2009年4月,双方因为价格问题产生了分歧,卖方提出双方一起到登记中心注销网上签约,遭到买方的拒绝。于是,卖方向登记中心提交了书面申请,要求注销网签,同样遭到登记中心的拒绝。卖方随即将买方告到法院,要求其协助办理注销手续。

卖方认为,网上签约仅仅是买卖合同签订前的准备环节,并不具备合同的法律效力。填写信息表进行网上签约,仅仅是达成了房屋买卖意向,属于存量房买卖合同签订前的准备环节,网签本身不具备合同的法律效力。

而买方则认为,合同可以有多种形式,不特指正式的书面合同。只要双方达成一致,且都是真实的意思表示,就应当受合同约束。网上签约的信息表就是合同,应当具备合同的法律效力。买方同时表示,今年2、3月份买房时正是房价最低迷的时候,后来由于房价开始回升,卖方便要求涨价。在双方当初协议买房时,买房人可以有很多选择,不是必须选择卖房人的房屋。现在房价涨了,卖房人却反悔了,买房人的损失巨大,有权提出反诉。网上签约是政府规定的交易程序,双方在履行交易程序前,已经在有关表格上签了字,应该是买卖双方自愿达成了买卖协议。一方因为房屋价格反悔似乎没有道理,因为信息表上的房屋价格已经是双方认可签字同意的。眼下房价经常变动,如果可以出尔反尔,二手房市场交易就没有保障。网上签约就是为了防止出现这样的情况。

专家解析:

网上签约是买卖双方达成房屋买卖意向后必须履行的一道程序。《存量房买卖合同信息表》,这张表格中明确标注出卖人信息、买受人信息、房屋及交易信息、买卖双方签字,等等。房屋及交易信息包括房屋的基本状况,即房屋所有权证号、户型楼层、房屋性质、抵押情况、土地使用状况、成交价款以及签约密码,等等。《存量房买卖合同信息表》中的信息非常全面，交易双方对房屋的性质、价格等均有明确约定并签字同意，才能开始在服务窗口进行登记，并予以公示。因此，网签的内容属于房屋买卖合同的主体内容，对双方具有法律约束力。这样做是为了充分保障交易双方的利益，一方面是审核房源的合法性，另一方面是保障买卖人的正常履约。

《合同法》第十条规定：当事人订立合同，有书面形式、口头形式和其他形式。网上签约应被认定为正式的书面合同。网签合同虽然形式特殊，也具有一定的政策性因素，却具备合同属性应具有的必要条件，体现了买卖双方的意思表示。进一步说，网签的合同本身被行政部门通过网络向全社会公示，应是一个非常规的、更加具有效力的合同。

专家支招：

本案中，网上签约具有《合同法》所要求的合同成立所必需的要件，网上签约具有合同的性质，双方当事人应当按照合同的约定履行义务。在此提示买卖双方，在二手房买卖过程中，双方一定要具有契约意识，在签约时将有关房屋买卖的信息和双方的约定写入合同中，避免不必要的纠纷。尤其是选择网上签约或者其他约定形式时，更要慎之又慎，不可儿戏。

56."阴阳合同"的效力如何确定？

案例：

2008年3月15日，李某和马某签订了一份二手房买卖合同。合同中约定,李某将自己于 2006 年购买的,位于北京市朝阳区的一套面积为 68 平方米的房子卖给马某,房屋总价款为 125 万元。合同签订之日,马某支付了房屋的首付款 40 万元。双方约定,在支付首付款之日起 5 个工作日内办理产权过户手续。合同签订后,马某按照合同约定支付了首付款 40 万元。马某为了少交税款,和李某协商,双方签订了另外一份买卖合同,合同中的房屋总价款为 85 万元,其余 40 万元房款双方达成了补充协议,在补充协议签订之日马某将 40 万元交给了李某。之后,双方按照总价款 85 万元的合同办理了相关的房屋过户手续。但是,当李某向马某索要剩余的 45 万元时,马某仅同意再支付 5 万元。理由是过户合同中约定的房屋总价款为 85 万元。

专家解析:

案例中的情况,属于二手房买卖中典型的"阴阳合同"。所谓"阴阳合同",是指合同当事人就同一事项订立两份以上的内容不相同的合同,一份对内,一份对外。其中对外的一份并不是双方真实意思的表示,属于"阳合同","阳合同"根据使用需要有所不同,一种是虚高的房价合同交给银行,以申请更多按揭贷款;另一种是填低房价的合同交给房地产交易中心过户,以便少交税。对内的一份则是双方真实意思的表示,显示买卖双方真实的成交价格,属于"阴合同"。"阴阳合同"一方面使得国家税收蒙受损失,另一方面动摇社会对诚信经营、履约和纳税的信心,扰乱市场经济秩序。

那么,"阴阳合同"的效力到底如何?《合同法》第五十二条规定:有下列情形之一的,合同无效:(一)一方以欺诈、胁迫的手段订立合同,损害国家利益;(二)恶意串通,损害国家、集体或者第三人利益;(三)以合法形式掩盖非法目的;(四)损害社会公共利益;(五)违反法律、行政法规的强制性规定。"阴阳合同"中的"阳合同"属于典型的恶意串通、损害国家利益的行为,因此属于无效合同;"阴合同"属于双方当事人真实意思表示,属于有效合同。

57.合同签订后,发现房屋已经被查封,合同的效力如何确定?

案例:

2008年10月9日,丁某和杨某签订了一份二手房买卖合同,约定丁某以100万元的价格购买杨某的房屋。买卖合同签订后,丁某按照约定向杨某支付定金4万元。丁某在支付定金后,到相关部门对房屋产权状况进行了查询,才发现该房屋已于2008年5月10日被法院查封,预计查封的有效期到2011年5月。丁某应该如何维护自己的权益?

专家解析:

案例中涉及的问题是买卖合同签订后,发现房屋存在瑕疵,合同的效力应该如何确定?《合同法》第五十四条第二款规定:一方以欺诈、胁迫的手段或者乘人之危,使对方在违背真实意思的情况下订立的合同,受损害方有权请求人民法院或者仲裁机构变更或者撤销。出卖人在签订买卖合同时,隐瞒了房屋被依法查封的事实,属于欺诈行为,使买受人在不知情的情况下签订了买卖合同,买受人享有法律规定的撤销权。

那么,买受人的撤销权如何行使?《合同法》第五十五条规定:有下列情形之一的,撤销权消灭:(一)具有撤销权的当事人自知道或者应当知道撤销事由之日起一年内没有行使撤销权;(二)具有撤销权的当事人知道撤销事由后明确表示或者以自己的行为放弃撤销权。根据该法律规定,买受人应当在知道对方存在欺诈事实之日起一年内行使撤销权。如果在此期限内,买受人明确表示不撤销合同或者履行了合同中的义务,或者超过此期限没有行使撤销权,撤销权消灭。

买受人行使撤销权的后果是什么?《合同法》第五十六条规定:无效的合同或者被撤销的合同自始没有法律约束力。根据该规定,买受人行使撤销权后,双方之间的买卖合同不发生法律效力,出卖人应当返还买受人支付的定金并赔偿相应的损失。

买受人是否可以请求双倍返还定金?定金作为一种担保方式,是对合同债务履行的一种保证。《担保法》第八十九条规定:当事人可以约定一方向另一方给付定金作为债权的担保。给付定金的一方不履行约定债务的,无权要求返还定金;收受定金的一方不履行约定债务的,应当双倍返还定金。根据该法律规定,双倍返还定金的前提是该合同是有效合同,收取定金的一方不履行有效合同中的债务,适用双倍返还的罚则。在合同被撤销的情况下,合同自始不发生法律效力,因此无法主张定金的双倍返还。

专家支招:

本案中,丁某可以行使合同的撤销权。合同被撤销后,杨某应当返还丁某已经支付的定金,并且赔偿由此给丁某造成的损失。

在二手房买卖过程中,购买人应当在签订买卖合同之前,对于出卖人是否具有处分权,该房屋所处的状态,是否存在抵押、被查封等情况,负有积极的核实义务,避免在合同签订后,因权属争议等问题导致合同目的无法实现。

58.买卖双方明知房屋属于违章建筑仍然进行 买卖,合同的效力如何确定?

案例:

2009 年 10 月 20 日,王某和张某签订了一份房屋买卖合同。王某将自己违章搭建的 30 平方米的平房以 9 万元的价格出售给张某。该平房属于违章建筑实,王某如实告诉了张某。张某付清了全款后入住。同年年底,该平房所在地区的土地被征用。在拆迁安置过程中,张某购买的这间平房因为属于违建房,不能享受拆迁补偿的政策,动迁部门只是酌情给予张某 1 万元作为补偿。张某无奈之下,将王某起诉到法院,要求王某返还购房款。

专家解析:

买卖双方明知买卖标的是违章建筑而签订的买卖合同是否具有法律效力? 解决这个问题,首先要明确的就是违章建筑的法律性质。违章建筑是指在城市规划区内, 未取得土地使用权和建设工程规划许可证或者违反建筑工程规划许可证的规定建设的, 或者采取欺骗手段骗取许可证而占地新建、扩建和改建的建筑物。《物权法》第九条第一款规定:不动产物权的设立、变更、转让和消灭,经依法登记,发生效力;未经登记,不发生效力,但是法律另有规定的除外。《城市房地产管理法》第六十一条第二款规定:在依法取得的房地产开发用地上建成房屋的,应当凭土地使用权证书向县级以上地方人民政府房产管理部门申请登记,由县级以上地方人民政府房产管理部门核实并颁发房屋所有权证书。违章建筑无法取得不动产所有权,不属于法律保护的物权。《合同法》第五十二条规定:有下列情形之一的,合同无效:(一)一方以欺诈、胁迫的手段订立合同,损害国家利益;(二)恶意串通,损害国家、集体或者第三人利益;(三)以合法形式掩盖非法目的;(四)损害社会公共利益;(五)违反法律、行政法规的强制性规定。违章建筑因为违反了法律、行政法规的强制性规定,因此买卖双方以违章建筑为标的签订的合同属于无效合同。

那么,合同被确认无效后,双方的责任如何确定?《合同法》第五十八条规定:合同无效或者被撤销后,因该合同取得的财产,应当予以返还;不能返还或者没有必要返还的,应当折价补偿。有过错的一方应当赔偿对方因此所受到的损失,双方都有过错的,应当各自承担相应的责任。买卖双方明知买卖标的为违章建筑,对于合同的无效,双方都有过错,应当各自承担相应的责任。

专家支招:

本案中,王某和张某之间的房屋买卖合同无效,王某应当返还张某9万元购房款。因诉讼而发生的诉讼费应当由双方当事人各承担一半。

违章建筑,不属于法律保护的财产范围。相应的,以违章建筑为标的的买卖行为不会受到法律的保护。而且,违章建筑不属于拆迁补偿的范围,在拆迁时不会得到补偿款。

59.对房屋地址存在重大误解，房屋买卖合同如何处理？

案例：

2009 年 6 月 19 日，赵四和王五通过中介机构签订了一份二手房买卖合同。赵四将自己位于北京市朝阳区的一套房子以 220 万元的价格卖给王五。王五按照约定支付了首付款。中介机构在办理房屋过户手续的过程中，朝阳区房地产交易所告知该房屋因为区域规划调整，变更了管辖区域，该房现在属于崇文区，无法在朝阳区办理过户手续。王五知道该情况后，不同意继续履行合同，要求解除合同。

专家解析：

房屋的位置对于购房者有着重要的影响。《合同法》第五十四条规定：下列合同，当事人一方有权请求人民法院或者仲裁机构变更或者撤销：(一)因重大误解订立的；(二)在订立合同时显失公平的。一方以欺诈、胁迫的手段或者乘人之危，使对方在违背真实意思的情况下订立的合同，受损害方有权请求人民法院或者仲裁机构变更或者撤销。当事人请求变更的，人民法院或者仲裁机构不得撤销。根据该法律规定，因重大误解而订立的合同属于可变更、可撤销的合同。那么，何谓重大误解？最高人民法院《关于贯彻执行〈民法通则〉若干问题的意见(试行)》第七十一条规定：行为人对行为的性质、对方当事人、标的物的品种、质量、规格和数量等的错误认识，使行为的后果与自己的意思相悖，并造成较大损失的，可以认定为重大误解。因重大误解订立的合同，误解方享有合同的变更或者撤销的选择权。误解方请求变更合同的，人民法院或者仲裁机构不得撤销合同。

专家支招：

　　房屋买卖中，房屋所处的位置，直接影响到房屋买卖目的的实现。比如，房屋是否属于学区、房屋距离工作地点的远近等等。买方对于房屋地址的误解，属于"使行为的后果与自己的意思相悖"的情况。因此，本案中，王五将事实上已经位于崇文区的房屋误认为属于朝阳区，是对房屋地址的重大误解。王五享有合同的撤销权。王五申请撤销合同时，赵四应当返还王五已经支付的购房款。

　　虽然重大误解的一方可以通过撤销权的行使挽回损失，维护自身的权益。但是，一方面重大误解一方的合同目的无法实现，另一方面，行使撤销权的过程中的诉讼成本也比较大，重大误解一方负有相应的举证责任，而且诉讼也要占用大量的时间。因此，二手房买卖过程中，对于房屋的状况应当做全面的了解，避免因重大误解等原因给自己带来不必要的麻烦和纠纷。

60.二手房如何办理过户手续？

案例：

　　张某于 2011 年 12 月购买了一套二手房。他应当如何办理房屋过户手续？

专家解析：

　　二手房办理过户手续需要准备的材料有：出卖人需要准备房产证、

身份证、户口簿、结婚证、配偶同意出售声明;买受人需要准备身份证、户口簿、暂住证(外地人)、购房合同、评估报告、完税证明等到房屋所在地房管局。

办理产权证的程序主要有:一、买卖双方进行房产交易后一个月内持房屋买卖合同和其他证件到房地产交易所办理买卖过户登记。二、买卖双方接到交易所办理过户手续的通知后,应携带身份证、户口本、图章等,在交纳了手续费、契税、印花税后就可以办理过户手续。三、办理完买卖过户手续后,买方应持房地产交易所发给的房产卖契,在三个月内到房屋所在地的市或区(县)的房屋土地管理局登记申请。四、经房地产管理部门审查验证后,买方可领取房地产权证。

专家支招:

办理产权证是房屋所有权变更的最后一道程序。实践中,有些人以为交完了房款,卖方交了房,交了钥匙,就算买卖行为完成了。一定要注意,买卖合同的履行并不代表物权的完整实现,买方一定要及时要求卖方协助自己尽快完成房屋产权过户手续, 保证自己对房屋的完整的所有权。

61.房屋未过户影响合同效力吗?

案例:

2005 年 7 月,孙某从李某那里购买了一套房屋。房主登记为李某,家庭成员还有李某的母亲、妻子和一个女儿。双方签订了买卖协议,协议中约定房屋的总价款为 23 万元,过户手续由孙某自行办理。协议签订后,孙某支付了房屋的总价款 23 万元,李某也将房屋的钥匙和产权证交给了孙某。孙某根据买卖协议,向有关部门缴纳了房屋买卖契税,并搬进了购买的房屋内居住,但是尚未办理房产过户手续。没想到,2010 年 3 月,李某以该房屋有其母亲的份额,自己无权处分房屋而且孙某尚未办理房产证为由,要求解除双方之间的买卖合同,相互返还房款和房屋。孙某无奈之下,起诉到法院,要求确认双方之间的买卖合同有效,并要求李某协助自己办理房屋产权过户手续。

专家解析:

案例当中涉及的问题有两个:一是,双方当事人之间的买卖合同是否有效? 二是,买卖合同签订后,双方各自履行了相应的付款和交付房屋的义务,但是,房屋没有办理过户手续,是否影响合同的效力?

首先,我们来看一下双方当事人之间买卖合同的效力,卖方以房屋的买卖没有征得其他共有人的同意,主张自己属于无权处分的行为,要求确认合同无效是否能够得到支持? 最高人民法院《关于贯彻执行〈民法通则〉若干问题的意见(试行)》第八十九条指出:"第三人善意、有偿取得该财产的,应当维护第三人的合法权益。"《物权法》第一百零六条规定:无处分权人将不动产或者动产转让给受让人的,所有权人有权追回;除法律另有规定外,符合下列情形的,受让人取得该不动产或者动产的所有权:(一)受让人受让该不动产或者动产时是善意的;(二)以合理的价格转让;(三) 转让的不动产或者动产依照法律规定应当登记的已经登记,不需要登记的已经交付给受让人。受让人依照前款规定取得不动产或者动产的所有权的, 原所有权人有权向无处分权人请求赔偿损失。

其次，我们来看一下房屋没有办理过户手续，是否影响合同的效力?《物权法》第十五条规定:当事人之间订立有关设立、变更、转让和消灭不动产物权的合同，除法律另有规定或者合同另有约定外，自合同成立时生效;未办理物权登记的，不影响合同效力。

专家支招:

本案中，孙某和李某签订房屋买卖协议时，孙某事先并不知道该房屋是李某与其母亲的共有财产，而且孙某也支付了该房屋相应的对价，应当认定为属于善意的第三人。因而，孙某和李某之间的房屋买卖合同有效，不具备解除合同的法定事由，李某应当继续履行合同，孙某对该房屋的所有权受法律保护。

62.转按揭的注意事项有哪些?

案例:

徐女士手中有一套贷款 27 万元的房屋,该房屋在建行的贷款仍有18 万元没有还清。由于急需用钱,徐女士将该房屋委托我爱我家代其出售。客户赵先生欲购此房,双方通过该中介公司签订了房屋买卖合同,同意以 30 万元的价格成交该套房屋。赵先生先期支付 10 万元作为购房首付款。然后,徐女士前往建行办理"按揭变更"手续,即申请提前还款。同时由我爱我家担保,赵先生申请在浦发银行办理了 20 万元的二手房按揭贷款。然后由浦发银行提前放贷,将18万元打入建设银行指定的账户,用于徐女士提前还贷解除抵押。但徐女士一直没有和赵先生联系办理过户手续,赵先生到卖方贷款银行了解后才知道,徐女士根本没有去银行办理提前解抵押手续,而是把18万元挪用到生意上去了。于是,双方发生纠纷。

专家解析:

什么是二手房买卖中的转按揭?"转按揭"就是个人住房转按贷款,个人住房转按贷款是指已在银行办理个人住房贷款的借款人,向原贷款银行要求延长贷款期限或将抵押给银行的个人住房出售或转让给第三人而申请办理个人住房贷款变更借款期限、变更借款人或变更抵押物的贷款。二手房市场存在同行转按揭和跨行转按揭两种情况。由于买方的资信、贷款意愿、月供能力、购房资金安排不尽相同,在转按揭的同时,买方可以根据自身需求申请不同的贷款期限、贷款金额和还款方式。在实际操作中,转按揭都采用卖方提前还贷的方式,因此买方的贷款可能和卖方的未还清贷款不一致。

转按揭在操作上,都需要买方提前为卖方还贷。这种方式带来的后果是,买方新的贷款银行将贷款打至卖方贷款银行指定的账户,在卖方办理解抵押手续之前,该笔款项处于真空状态,极易被卖方挪用,而此时买卖双方的房屋产权过户手续尚未办理。因此,在转按揭过程中就出现了以下几种风险:

一是,买方还清了卖方在银行的贷款,卖方突然改变主意,拒绝过户。二是,买方拒绝还贷。三是,银行拒绝提前放贷。四是,交易完成后卖方无法顺利拿到剩余房款。五是,交易完成后买方无法顺利拿到房产证。

专家支招：

本案中,徐女士和赵先生签订的商品房买卖合同真实、合法、有效。双方当事人都应当按照合同的约定全面履行自己的义务。徐女士应当承担继续履行合同的责任,并赔偿赵先生相应的损失。

因为转按揭过程中存在诸多不确定的风险,买卖双方在选择转按揭时一定要慎重。

63.因买方原因贷款不成,合同如何处理?

案例：

2010 年 8 月 7 日,刘先生和卖方章先生在中介签订了委托购买意向书,当天刘先生支付定金 20 万元。同年 9 月 6 日,刘先生与章先生签订正式买卖合同,合同中约定房屋总价 189 万元,刘先生签订合同后支付首付 89 万元,剩余房款通过银行贷款支付。双方约定,若刘先生逾期付款,需要承担日万分之五违约金,逾期超过 10 日仍未付款,章先生有权单方解除合同,刘先生还应赔偿卖方总房价款的 20%。后因为刘先生没有提供银行要求的贷款材料,贷款没有获得银行批准。

专家解析：

二手房买卖合同中约定通过按揭支付房屋余款,当按揭贷款未获批准时,是否属于不可抗力? 买卖合同又应当如何处理?

按揭贷款由于买方原因导致贷款未获批准,比如,买方急于履行贷款程序或者没有按照银行的要求提供相应材料。此时,按揭贷款未获批准完全是由于买方造成的, 属于买方履行义务不完全或者怠于履行合同规定的义务。《合同法》第一百零七条规定:当事人一方不履行合同义务或者履行合同义务不符合约定的,应当承担继续履行、采取补救措施或者赔偿损失等违约责任。此时,买方应当按照合同约定采取补救措施完成付款义务,否则需要按照合同约定承担违约责任。

专家支招:

二手房买卖中通过按揭贷款付款是一种比较常见的付款方式。在此要提醒消费者:买卖双方在签订二手房买卖合同时,双方都要清楚考虑到贷款方面的不确定性的风险因素, 作为卖家应该约定买家如果贷款没有获批则需要在多长时间内补足房款;而作为买家更要考虑清楚在贷款没有获批的情况下,自己是否有能力承担现金支付,如果没有能力支付现金的话, 则应当在合同中和卖方明确约定变通方法或者解除合同而不承担违约责任。

64. 政策性原因导致按揭贷款未获批准,二手房买卖合同如何处理?

案例:

2010 年 4 月 12 日,出卖人宋女士与买受人张先生在麦田房地产经纪公司居间下签订《北京市存量房屋买卖合同》(以下简称存量房屋买卖合同),约定宋女士出卖位于海淀区蓝靛厂翠叠园一房屋。房屋成交总价为 555 万元,张先生应支付定金人民币 15 万元。在张先生办理贷款过程中,因北京市出台新房贷政策导致其贷款未果,故起诉至法院要求解除与宋女士的房屋买卖合同。

根据双方存量房屋买卖合同第四条商业贷款付款交易流程第一项约定:买卖双方应于2010年5月30日前(含当日)向银行办理贷款申请手续,买受人拟贷款金额为人民币200万元;第四项约定:若贷款未获批准或批准贷款数额不足申请额,出卖人允许买受人可选择再一次向其他银行申请贷款,出卖人应积极配合。若批准的贷款数额仍不足申请额或买受人没有选择再次申请贷款,则买受人应在办理缴税过户手续前/当日补足购房首付款。2010年4月13日,张先生通过中国工商银行北京市分行转账定金15万元,宋女士向其出具定金收条。

庭审中,张先生提供与其妻马女士的结婚证证明两人为夫妻关系,同时提交登记于张先生名下位于北京市海淀区某小区的房屋及登记于马女士名下位于北京市朝阳区某小区的房屋的产权证以证明其家庭名下已有两套房屋。

宋女士庭审中对上述事实均不持异议,但在庭审中表示存量房屋买卖合同真实有效,银行未批准贷款事宜已在合同中作出约定,不受《北京市人民政府贯彻落实国务院关于坚决遏制部分城市房价过快上涨文件的通知》中关于住房贷款的限制,故应按合同执行。

最后,法院根据合同情势变更原则依法判决解除张先生与宋女士之间的存量房屋买卖合同,宋女士返还张先生已支付的定金。

专家解析:

《合同法》第八条规定:依法成立的合同,对当事人具有法律约束力。第九十四条规定:有下列情形之一的,当事人可以解除合同:(一)因不可抗力致使不能实现合同目的;(二)在履行期限届满之前,当事人一方明确表示或者以自己的行为表明不履行主要债务;(三)当事人一方迟延履行主要债务,经催告后在合理期限内仍未履行;(四)当事人一方迟延履行债务或者有其他违约行为致使不能实现合同目的;(五)法律规定的其他情形。合同成立以后,客观情况发生了当事人在订立合同时无法预见的、非不可抗力造成的不属于商业风险的重大变化,继续履行合同对于一方当事人明显不公平或者不能实现合同目的的,当事人请求人民法院解除合同的,人民法院应根据公平原则,并结合案件的实际情况确定是否解除。

专家支招:

本案中,张先生与宋女士签订的存量房屋买卖合同是双方在自愿且意思表示真实基础上签订的,同时没有违反法律、行政法规的强制性规定,属于有效的合同。对合同中关于银行贷款未获批准的理解,应当是指因买受人一方自身原因所导致的银行贷款未获批准,而并非任何原因所导致的银行贷款未获批准。这种理解符合房屋买卖合同的其他条款及房屋买卖行业惯例。

根据中国人民银行及中国银行业监督管理委员会相关规定,商业性个人住房贷款中居民家庭住房套数,应依据拟购房家庭(包括借款人、配偶及未成年子女)成员名下实际拥有的成套住房数量进行认定。据此,张先生家庭住房套数已达两套。张先生关于诉讼标的的房屋的买卖,属于个人第三套房屋买卖,符合暂停发放贷款之情形,该情形属于政策变化所导致的合同成立后客观情况的变化,是张先生在订立存量房屋买卖合同时所无法预见的重大变化,若要求继续履行合同对其明显不公平。因此,对于张先生解除合同的请求权,应该得到法院的支持。合同解除后,宋女士应当返还张先生已经交付的定金15万元,合同不再继续履行。

在此提醒消费者,合同履行方式是合同重要内容,若房屋买卖合同签订后政策发生变化而导致合同履行方式无法实现的或实现对一方当事人明显不公平的,属于合同情势变更,一方可以要求法院依法解除合同,合同义务已履行部分可恢复的,当事人可要求恢复原状。

65.违反法律强制性规定的合同是否必然无效?

案例:

2003年1月16日,杨某与王某签订了《协议书》,约定:经杨某同意卖给王某新住宅楼面积70平方米,每平方米1800元整,共计12600元整。在登记新楼表时,应把新楼房产权的姓名写为王某的名字,付款方式定于2003年1月16日,在回龙观镇某小区办理交款手续,现金一次付清,楼层给哪层是哪层。协议签订当日,王某便将购房款一次付清。2004年12月15日,杨某将房屋交付给王某。后杨某诉至法院称其将不具有房屋产权证书的房屋转卖给对方的行为违反了房屋买卖的有关法律规定,且本案的诉争房屋为经济适用房,经济适用房不能交易,故要求确认房屋买卖合同无效。

专家解析:

首先,我们来判断一下该房屋是否属于经济适用房?本案涉案房屋虽为农民回迁房,属于按照经济适用房管理,而非标准意义上的经济适用房,故不受5年交易期限的限制。关于经济适用房的法律问题,我们会在后续做专门的介绍。

接下来,我们来判断一下合同的效力问题。《城市房地产管理法》第三十八条规定:下列房地产,不得转让:(一)以出让方式取得土地使用权的,不符合本法第三十九条规定的条件的;(二)司法机关和行政机关依法裁定、决定查封或者以其他形式限制房地产权利的;(三)依法收回土地使用权的;(四)共有房地产,未经其他共有人书面同意的;(五)权属有争议的;(六)未依法登记领取权属证书的;(七)法律、行政法规规定禁止转让的其他情形。根据该法律规定,未依法取得房屋权属证书的房屋不得转让。同时,《合同法》第五十二条规定:有下列情形之一的,合同无效:(一)一方以欺诈、胁迫的手段订立合同,损害国家利益;(二)恶意串通,损害国家、集体或者第三人利益;(三)以合法形式掩盖非法目的;(四)损害社会公共利益;(五)违反法律、行政法规的强制性规定。那么,是不是以未依法取得房屋权属证书的房屋为标的的买卖合同因违反法律、行政法规的强制性规定而无效呢?我们说,《城市房地产管理法》的规定不属于《合同法》第五十二条可以认定合同无效的强制性规定的范畴。调整民事法律行为的强制性民事法律规范分为效力性强制规范与管理性强制规范,所谓的效力性强制规范主要是指可以确认民事法律行为效力的规范,如果违反则可以认定合同无效;而所谓的管理性规范主要是指为了加强行政管理而被赋予公法责任的强制性规范,如果违反,违反者将承担行政责任。判断合同行为是否违反了强制性规定而无效,就要确定合同行为所违反的强制性规定是否是调整民事法律行为的强制性规范、此条强制性规范是否是效力性的强制性规范,只有违反了效力性的强制性规范,才符合《合同法》第五十二条的规定,可以认定为无效,若仅仅是违反了管理性的强制性规范,只产生行政管理上即公法上的法律后果,并不能影响当事人之间签订合同的效力。《城市房地产管理法》恰恰属于管理性强制规范,并不能援引作为认定合同无效的依据。

专家支招:

关于本案,一审法院认定房屋买卖合同系双方当事人真实意思的表示,我国关于不具有房屋产权证书的房屋不得买卖的规定属于管理性禁止规范而非效力性禁止规范,且双方当事人之间的买卖合同并不存在损害国家、集体或他人利益之情形,故判决买卖合同有效,驳回杨某的诉讼请求。杨某不服,上诉至二审法院,二审法院维持原判。

66.房屋赠与未过户,能否撤销赠与?

案例:

李大爷无儿无女,按照习俗认了远房亲戚李小姐为女儿。李大爷于2007年在北京崇文区购买了一套住宅。李大爷见李小姐对自己孝敬有加,于2008年10月签订了一份赠与合同,约定将自己所有的该套房屋赠与李小姐。但是,合同签订后,一直没有办理过户手续。李大爷也一直在该房屋内居住。2010年7月,李小姐因交通意外不幸去世。李小姐的亲生母亲拿着赠与合同要求李大爷办理房屋过户手续,李大爷则以李小姐去世为由,要求撤销赠与。

专家解析:

首先,我们看一下李大爷和李小姐的赠与合同是否有效?《合同法》第一百八十五条规定:赠与合同是赠与人将自己的财产无偿给予受赠人,受赠人表示接受赠与的合同。李大爷和李小姐之间关于房屋的赠与,属于双方真实的意思表示,赠与合同有效。

接下来,我们看一下该赠与合同是否可以撤销?《合同法》第一百八十六条规定:赠与人在赠与财产的权利转移之前可以撤销赠与。李大爷赠与李小姐的财产是房屋,该房屋并没有转移占有,同时也没有办理房屋过户手续。因此,李大爷享有撤销权。

当李大爷以明确的意思表示要撤销赠与时,赠与合同不再发生法律效力。

专家支招:

赠与合同中赠与人的撤销权给赠与合同带来了一定的不确定性。但是《合同法》第一百八十六条第二款明确规定了经过公证的赠与合同不得撤销。因此,从受赠人的角度讲,除了履行好相应的义务外,从保护自身权益的角度讲,最好说服赠与人办理公证。

67.二手房买卖中,中介机构处于什么样的法律地位?

案例:

周某打算购买一套二手房,不知道是否需要委托中介机构?如果委托中介机构,费用怎么算?

专家解析:

二手房买卖中,二手房中介机构是专门为二手房交易双方充当媒介,专门从提供信息、成交服务、签订合同鉴证、办理过户手续、办理银行按揭、领取房产证等服务活动获利的机构。在法律地位上属于居间人。《合同法》第四百二十四条规定:居间合同是居间人向委托人报告订立合同的机会或者提供订立合同的媒介服务,委托人支付报酬的合同。根据该法律规定,居间人既不是订立买卖合同的当事人,也不是当事人的代理人,是为当事人订立合同而牵线搭桥的人。也就是说,居间人不是买卖合同的主体,不承担买卖合同当中的义务和责任。

二手房中介机构在中介服务后应当获取的报酬是什么?《合同法》第四百二十六条规定:居间人促成合同成立的,委托人应当按照约定支付报酬。对居间人的报酬没有约定或者约定不明确,依照本法第六十一条的规定仍不能确定的,根据居间人的劳务合理确定。因居间人提供订立合同的媒介服务而促成合同成立的,由该合同的当事人平均负担居间人的报酬。第四百二十七条规定:居间人未促成合同成立的,不得要求支付报酬,但可以要求委托人支付从事居间活动支出的必要费用。

二手房买卖是否必须通过中介机构?答案是否定的。但是,二手房交易有两种方式,一种是通过中介机构交易,另外一种是自由交易。通过中介机构交易,优点是中介公司的专业性更强,可以为消费者提供更为专业的服务,可以为消费者省去很多繁琐的程序,也会避免因为消费者对流程不熟悉而出现错误,耽误过户或者办其他手续的时间;缺点当然就是费用相对比自由交易要高一些。

专家支招:

消费者在二手房买卖过程中,是否通过中介机构交易,取决于消费者对于相关政策和手续流程的熟悉程度以及可供支配的时间多少。如果消费者选择通过中介机构交易，建议一定要选择在当地信用比较好的中介，避免上当受骗而带来不必要的麻烦。如果消费者不选择中介而是选择自由交易，那必须要熟知二手房买卖的相关政策和办理流程。

68.二手房买卖双方"跳单"将承担怎样的后果?

案例:

2010年3月，王先生将自己的一套住宅委托某中介公司对外出售，双方签订了《房地产居间合同(出售)》。合同中约定，委托期限为合同签订之日至2010年9月30日，房屋价格为130万元。合同明确规定，在委托期限内或者期限届满后6个月内，若与中介公司介绍的买方成交，或者利用中介公司提供的信息、条件和机会与第三方成交，王先生以委托总价1%的比例向该中介公司支付中介费。

同年4月，刘女士与该房屋中介公司签订了《买受方看房确认书》，实地察看了王先生的上述房屋，还约定刘女士不得私下和王先生进行交易。若违约私下交易，按照购房总价款1%支付违约金。

2010年5月10日，王先生和刘女士瞒着中介，私下签订了房屋买卖合同，房屋总价款为126万元，并办理了过户手续。该中介公司得知王先生和刘女士私下交易的事实，于是将二人告上法庭。

专家解析:

案例中，买卖双方和中介公司签订的合同属于居间合同。关于居间合同的性质我们在上一个案例中已经分析过了。

"跳单"行为,也叫"跳中介",是指买受人或出卖人已经与中介机构签署了预售确认书、委托求购协议或出卖协议等委托文书,中介机构已经按照协议履行了提供独家资源信息并促使买卖双方见面洽谈等促进交易的义务,买卖一方或双方为了规避或减少按照协议约定履行向中介机构支付中介费的义务,跳过中介而私自签订买卖合同的行为。如果任由委托人看房后跳开中介公司,逃避支付佣金的约定义务,则对居间人显属不公平。"跳单"属于违约行为,是委托人之间以恶意逃避支付佣金为目的的不正当交易行为。根据《合同法》第四十五条第二款规定:当事人为自己的利益不正当地阻止条件成就的,视为条件已成就。如果委托人为了不交或少交佣金而不正当地阻止佣金支付条件成就,视为条件已成就,委托人应向居间人支付佣金。如果在居间合同中约定了违约责任,可以直接适用违约责任条款追究"跳单"方的责任。

专家支招:

本案中,王先生和刘女士利用了房屋中介机构提供的信息和机会完成了交易,为了逃避中介费,却跳开中介公司私自签订商品房买卖合同并办理了过户登记,主观上存在恶意。王先生和刘女士分别违反了自己和中介机构签订的居间合同,属于违约行为,应当按照合同约定按照交易价格的1%向中介机构承担违约责任。

居间合同的目的在于通过中介公司专业化的服务和专业化的资源早日促成房屋买卖的交易。中介公司的中介费也是以自己的付出和劳动为交换的。诚信原则是民事法律活动中的帝王条款,合同的各方当事人都应当按照合同的约定全面地履行自己的义务。

69.已经签订居间买卖协议,但因双方不能就付款时间达成一致,未能签订正式的买卖合同,中介费是否应当支付? ❁ ❁ ❁

案例:

2009年10月23日,杨某某(甲方)与案外人陈某某(乙方)、上海臻所房地产经纪有限公司(以下简称"臻所公司")(中介公司、见证方)签订《物业买卖协议》,协议第二条"物业的买卖条件"约定,乙方委托中介公司购买甲方402室房屋,该房屋出售价格为人民币435000元(如甲乙双方一致同意,可以对房价进行变更)。乙方于签订本协议时,向中介公司支付购房意向金20000元。一旦甲方或代理人签订本协议,乙方同意中介公司将该意向金作为定金转交甲方。

甲乙双方同意在签订用于交易备案的《上海市房地产买卖合同》当日,乙方向甲方支付首付款140000元(含定金),乙方于办理过户手续当日支付55000元,于交房当日支付10000元。乙方通过银行贷款支付230000元,如乙方不能获得相应贷款,或贷款无法达到预期,则乙方应当在办理过户交易手续当日补足并支付甲方。

协议第三条"特别书面约定"约定,甲乙双方同意,甲方一旦签署本协议,则视为甲方同意将物业通过中介公司居间出售给乙方,双方的买卖关系成立;甲乙双方于2009年11月1日到中介公司签订《上海市房地产买卖合同》;本协议签订后,若甲方拒绝继续履行本协议,则甲方应当按照购房履约定金的金额双倍返还给乙方；若乙方拒绝继续履行本协议，则甲方有权没收乙方已经支付的购房履约定金；本协议签订后，如因甲乙双方协商解除本协议，导致双方最终没有签订《上海市房地产买卖合同》的，不影响中介公司已完成居间义务，双方仍应按本协议约定金额支付居间代理费；本协议签订后，如因一方或双方违约，导致双方最终没有签订《上海市房地产买卖合同》，不影响中介公司已完成居间义务，违约方仍应按本协议约定的金额向中介公司支付居间服务费；如甲方或者乙方违约，则中介公司有权依据本合同约定，追究违约方的责任，并且要求违约方承担合理的调查费、差旅费及律师费。

协议第四条"居间服务费用"约定，中介公司促成甲乙双方的物业买卖合同关系成立，则中介公司的居间义务完成，甲乙双方同意，最迟应在双方签订《上海市房地产买卖合同》的同时，分别一次性向中介公司支付该物业实际成交总价(含房款、装潢等一切费用)的1%作为中介公司的居间服务费。

协议第五条"其他事项"的第一款"补充事项"为空白，并用笔划去。第二款约定，本协议经甲乙双方签字盖章后生效，并由中介公司作为见证方予以见证。上述协议签订后，杨某某与陈某某未签订《上海市房地产买卖合同》。2010年2月，陈某某起诉杨某某要求解除《物业买卖协议》，双倍返还定金4万元。法院认定杨某某与陈某某未能签订买卖合同的原因在于对付款期限协商未成，杨某某与陈某某均不构成违约，遂判决解除杨某某与陈某某签订的买卖协议。该判决已经生效。现臻所公司诉至原审法院，请求判令杨某某支付居间代理费4350元，律师费3000元。

专家解析：

案例当中涉及的问题有两个：一个是买卖双方当事人以及房屋中介机构共同签订的《物业买卖协议》的性质是什么，是否能够认定居间合同的成立？二是由于付款期限协商未成而导致签约不能，是否对中介费发生影响？

首先，来看一下《物业买卖协议》的性质。首先，从协议的主体上看，协议的主体包括买卖双方和房屋中介机构三方；其次，从协议的内容上看，协议既包括了房屋买卖合同的相关内容，也包括了居间合同的相关内容。也就是说，《物业买卖协议》的成立，意味着居间合同的有效成立。

接下来，看一下由于付款期限协商未成而导致签约不能，是否对中介费发生影响？《合同法》第六十条规定：当事人应当按照约定全面履行自己的义务。那么，居间合同中居间人的义务是否已全面履行呢？居间人的义务就是为买卖双方牵线搭桥，并最终促成双方房屋买卖的完成。也就是说，当买卖双方签订了买卖协议时，居间人的居间义务已经完成，不管事后买卖双方是否实际签订了《商品房买卖合同》。根据《合同法》第四百二十六条规定：居间人促成合同成立的，委托人应当按照约定支付报酬。

专家支招：

本案，二审法院认为，臻所公司、杨某某及案外人陈某某签订的《物业买卖协议》中包含了杨某某与陈某某的买卖合同，以及杨某某、陈某某与臻所公司的居间合同。本案仅涉及居间合同部分，该部分内容依法有效，居间合同当事人均应履行。

70.中介公司提供虚假信息,应当承担什么样的法律责任?

案例:

张女士为了即将上小学的儿子,准备在该市重点小学附近购买一套学区房。为此,张女士和某中介公司签订了《居间服务合同》,委托中介公司为其购买某重点小学一套学区房。双方约定中介佣金为5万元。后在中介公司的居间服务下,张女士与刘先生达成了房屋购买协议,协议签订之日,张女士向该中介公司支付中介佣金费用1万元。后中介公司多次向张女士催要剩余佣金。张女士称,中介公司在居间服务中提供虚假信息,该房屋根本不属于该重点小学的学区,自己已经和刘先生解除了合同。自己不仅不应该支付剩余佣金,中介公司应当返还自己已经支付的佣金,并赔偿自己的损失。

专家解析:

案例中涉及的主要问题是居间合同中居间人的义务问题。《合同法》第六条规定:当事人行使权利、履行义务应当遵循诚实信用原则。第四百二十五条规定:居间人应当就有关订立合同的事项向委托人如实报告。居间人故意隐瞒与订立合同有关的重要事实或者提供虚假情况,损害委托人利益的,不得要求支付报酬并应当承担损害赔偿责任。在房屋买卖合同中,关于房屋的位置等具体信息直接影响到当事人合同目的的实现,属于典型的"与订立合同有关的重要事实"。

专家支招：

本案中，张女士的购房意图非常明确，而且关于购买某重点小学学区房的内容已经在双方签订的《居间服务合同》中作出明确规定。一方面，根据上述《合同法》第四百二十五条的规定，中介公司在提供居间服务时必须遵守诚信原则；另一方面，根据《合同法》第六十条规定：当事人应当按照约定全面履行自己的义务。因此，当中介公司提供的房源不符合合同中约定的某重点小学学区房时，中介公司已经违约在先，中介公司无权收取中介费用并应当赔偿由此给张女士造成的损失。

从买受人权利保护的角度，在选择房屋中介机构时必须要慎重，要选择信誉度高、履约能力强的中介机构提供居间服务。同时，在签订居间服务合同时，也必须将双方的权利义务以及违约责任明确化、具体化。

71.出卖人和中介公司之间签订全权委托书，出卖人的利益如何保护？

案例：

2012 年 9 月，在广东做生意的王先生打算把自己在老家济南的一套住宅出售。因为自己在外地，生意比较繁忙，王先生找到了济南的一家房产中介机构，双方签订了授权委托书，并办理了委托公证。授权委托书中，将房屋买卖及交易过户的所有权利全权委托给该房产中介机构的工作人员李女士。李女士先支付30%的首付,另外也公证一份承诺书,承诺房产交易成功后,支付余下房款给王先生。否则王先生有权取消公证委托,同时向法院申请交易无效,并查封房屋,等等。到了约定支付余下房款的支付时间,王先生电话催促对方,可是对方推托房子难卖,还没有找到买家,再等等看。王先生觉得事情不妥,马上赶回济南找到该中介机构,得知房子已经交到评估公司做贷款评估了,通过之后就可以过户办理按揭。王先生一听觉得不对劲,万一对方悄悄出售房子后"失踪",而不支付余款,自己找谁要钱? 于是,他立刻取消公证委托。

专家解析:

在全权委托的法律关系下,又分为两种情况:第一种情况是,如果房产中介以自己名义与购房人进行交易,则它与委托人之间形成的是行纪法律关系。根据《合同法》第四百一十四条规定:行纪合同是行纪人以自己的名义为委托人从事贸易活动,委托人支付报酬的合同。第四百一十八条规定:行纪人高于委托人指定的价格卖出的,可以按照约定增加报酬,该利益属于委托人。如果房产中介以卖房人名义与购房人签订合同,则它与委托人间形成的是代理关系。根据《民法通则》第六十三条规定:公民、法人可以通过代理人实施民事法律行为。代理人在代理权限内,以被代理人的名义实施民事法律行为。被代理人对代理人的代理行为,承担民事责任。此时房产中介所签订合同中的权利义务均由委托人承受。房产中介作为代理人无权将买房人交付的部分房款占为己有。全权委托使得委托人的交易风险增大,房屋中介"吃差价"等侵害委托人利益的行为不可避免。

专家支招:

鉴于全权委托的风险,不建议买卖双方在房屋买卖中选择全权委托的方式,尤其是在房屋过户手续的办理环节。

72.中介"吃差价",业主的权益如何保护?

案例:

2006 年年初,因房屋拆迁急需在市内购买居住用房,张女士委托某房地产经纪有限公司提供房源,代理购房。后来,张女士选定报价为 78 万元的位于朝阳区双花园西里的房产,并与中介公司签订购房委托合同,代办过户手续,中介公司答应在张女士支付全部款项当日为其办理过户手续,并收取了代理费 19500 元。

张女士支付了全部款项后,中介公司并未按约定当天为她办理过户手续,并在她不知情的情况下,以 58 万元的交易价格代缴了契税,过户当日张女士发现契税与原定交易价格不符,双方发生争执。

经过调查了解,张女士发现原来原房主是以 58 万元出售该房屋的。张女士认为该中介公司在价格上存在欺诈,要求中介公司退还 20 万元房价款。双方多次交涉未果后,张女士起诉至法院。

专家解析:

案例中涉及的房产中介公司"吃差价"的现象,主要是指房产中介公司利用为当事人提供居间服务的机会,在隐瞒事实的基础上,通过在商品房买卖合同中抬高房价等做法,侵占合同中虚高的房屋价格和实际卖方得到的房屋价格的差价获利的行为。

首先，我们来看一下，房产中介公司在提供居间服务时，可以获得哪些利益？根据《合同法》以及中介行业规范的要求，中介公司在提供居间服务的过程中，只能收取居间服务费用以及因为居间行为而发生的必要的实际支出。《合同法》第六条规定：当事人行使权利、履行义务应当遵循诚实信用原则。"吃差价"是一种典型的欺诈行为。

那么，在实践中房产中介公司"吃差价"的方式主要有哪些？房产中介公司"吃差价"的方式主要有：一是，接受全权委托，抬价销售。在房屋交易的实际中，有些出卖人由于自身原因以及出于对中介公司的信任，与中介公司之间签订授权委托书，明确房屋销售价格并委托中介公司全权代表自己处理房屋买卖问题。正是基于这种全权委托，房产中介趁机以高于委托人指示价格的价格与购房人进行交易，从中赚取差价。二是，介入交易，直接倒手。这就是案例当中涉及的情况。房产中介公司通过在商品房买卖合同上做手脚，达到"吃差价"的目的。三是，保底销售，超过分成。这种方式类似于风险代理，房产中介机构与出卖人约定，为房屋设定一个保底价格。当中介机构以某个保底价格卖出该房时收取固定的中介费。当中介机构以高于保底价格卖出该房时，对超出部分价款与售房人按一定比例分成。实践中，由于出卖人往往缺少房屋买卖的专业知识，保底价格的确认过分依赖和信任房屋中介机构提供的估价。中介机构会采取做低保底价格的方式，为自己按比例分成创造便利条件。

消费者应该如何避免被房产中介机构"吃差价"？一是，在签订居间服务合同时，尽量不要进行全权委托代理；二是，签订买卖合同时，买卖双方一定要面签，避免中介机构从中做手脚；三是，发现中介机构有违法行为时及时向房产管理部门反映和举报。

专家支招：

本案中，房产中介机构存在明显的欺诈行为，根据《合同法》第四百二十五条规定：居间人应当就有关订立合同的事项向委托人如实报告。居间人故意隐瞒与订立合同有关的重要事实或者提供虚假情况，损害委托人利益的，不得要求支付报酬并应当承担损害赔偿责任。张女士不仅有权要求房产中介机构返还"吃差价"所得的 20 万元，而且有权要求房产中介机构返还其已经支付的中介费并要求中介机构承担相应的损害赔偿责任。

73.买卖双方解除合同,是否可以要求返还中介费?

案例：

2010 年 2 月，赵先生与某中介公司签订了居间合同，委托中介公司帮其在北京市通州区购置一套房屋，在合同中约定："赵先生通过中介公司与出卖人签订《房屋买卖合同》之日，向中介公司支付中介费 2 万元。如果在未征得居间人同意的情况下擅自解除合同，赵先生仍然需要向中介公司支付中介费。"通过中介公司，赵先生与李女士签订了房屋买卖合同。合同签订之日，赵先生向中介公司支付了 2 万元的中介费。但是，签订房屋买卖合同不久，双方因为付款方式的原因自愿解除了合同。赵先生认为，既然买卖双方已经解除了买卖关系，那么中介公司无权收取中介费。赵先生与中介公司协商未果,向法院提起了诉讼,要求中介公司退还2万元中介费。

专家解析:

《合同法》第四百二十四条规定:居间合同是居间人向委托人报告订立合同的机会或者提供订立合同的媒介服务,委托人支付报酬的合同。根据该法律规定,居间人的义务是向委托人报告订立合同的机会或者提供订立合同的媒介服务,委托人的义务是支付报酬。那么,如何判断和认定居间人是否向委托人提供报告订立合同的机会或者提供订立合同的媒介服务?《合同法》第四百二十六条规定:居间人促成合同成立的,委托人应当按照约定支付报酬。根据该法律规定,在居间人的居间服务下,买卖双方签订了房屋买卖合同,即视为履行了居间合同的义务。在这种情况下,委托人就需要支付报酬。

那么,在什么情况下,委托人不需要支付报酬呢?第一种情况:委托人没有促成合同的订立。《合同法》第四百二十七条规定:居间人未促成合同成立的,不得要求支付报酬,但可以要求委托人支付从事居间活动支出的必要费用。第二种情况:居间人有故意隐瞒与订立合同有关的重要事实或者提供虚假情况的行为。《合同法》第四百二十五条第二款规定:居间人故意隐瞒与订立合同有关的重要事实或者提供虚假情况,损害委托人利益的,不得要求支付报酬并应当承担损害赔偿责任。

专家支招:

本案中,在中介公司的居间服务下,买卖双方签订了房屋买卖合同,此时,中介公司的居间服务完成。委托人应当按照合同的约定支付报酬。之后,买卖双方基于其他原因自愿解除合同的,不影响居间服务的内容和完成情况,居间服务是没有瑕疵的。此时,委托人无权要求中介公司返还已经支付的中介费。赵先生的诉讼请求不能得到法院的支持。

中介公司在二手房买卖中提供的是居间服务，是一种有偿性的民事活动。居间合同也是一种典型的有名合同，因此，建议委托人（无论是卖方还是买方）在与中介公司签订居间合同时，对于中介费不要作笼统性的规定，而是要尽可能地细化。对于合同解除、变更、无效等情况下的中介费用问题作出明确的规定，避免纠纷的发生及自身利益受损。

74.涉及"凶宅"，买方能否解除合同？

案例：

2009年10月，家住沈阳市东陵区的高女士委托某房产中介机构购买一套位于东陵区的住宅。中介公司为高女士提供了一套面积63平方米的住宅。经过实地看房以及与出卖人交涉，高女士与出卖人李先生签订了二手房买卖合同，高女士一次性支付房屋总价款27万元。双方办理了房产过户手续，高女士向中介公司一次性支付中介费1万元。高女士拿到房屋后，对该房屋进行了装修。在装修过程中，从邻居口中得知，该房屋在之前一直处于出租状态，直到3个月前，承租该房屋的承租人在该房屋内上吊自杀，此后该房屋一直处于闲置状态。高女士得知此事后，十分气愤。因为之前，无论是出卖人还是中介公司，从未向自己提及过此事。而且，高女士也深受此事困扰，经常因害怕而做噩梦，精神压力极大。高女士找到中介公司和出卖人李先生，要求退房。中介公司辩称，在高女士找到自己之前，自己也并不知道该房屋发生过这样的事情。李先生辩称,在与高女士洽谈的过程中,高女士从未问及过此事。双方均不同意解除合同。

专家解析:

本案争议的焦点在于,"凶宅"即房屋内发生过自杀或凶杀而致人非正常死亡事件,这是否对房屋构成瑕疵?这种现象应视为房屋居住的瑕疵。《民法通则》第七条规定:民事活动应当尊重社会公德,不得损害社会公共利益,破坏国家经济计划,扰乱社会经济秩序。我们通常称之为民法的公序良俗原则。对在住宅内发生非正常死亡的恶性事件感到恐惧和害怕,是人的一种本能,是一种客观存在的现象,符合善良无害的人文习俗的内在要求。因此,对于"凶宅"现象的隐瞒,违背了民法上的公序良俗原则,该类房屋实际使用带来的不良状态,体现了房屋使用缺陷,故应当视为房屋存在使用瑕疵。

对于"凶宅"事实的隐瞒,是否构成欺诈?试想一下,如果买受人事先知道了房屋存在非正常死亡的现象,是否会购买?即使愿意购买,是否会和其他房屋同等的价格购买?答案当然是否定的。这就意味着,"凶宅"的事实对于买受人购买房屋有着重大的意义,买受人在对"凶宅"的事实毫不知情的情况下做出的买房决定违背了买受人的内心真实意愿。最高人民法院《关于贯彻执行〈民法通则〉若干问题的意见(试行)》第六十八条规定:一方当事人故意告知对方虚假情况,或者故意隐瞒真实情况,诱使对方当事人作出错误意思表示的,可以认定为欺诈行为。出卖人隐瞒对于买卖合同的订立有重大影响的事实,应当认定出卖人存在欺诈行为。根据《合同法》第五十四条的规定:一方以欺诈、胁迫的手段或者乘人之危,使对方在违背真实意思的情况下订立的合同,受损害方有权请求人民法院或者仲裁机构变更或者撤销。第五十八条规定:合同无效或者被撤销后,因该合同取得的财产,应当予以返还;不能返还或者没有必要返还的,应当折价补偿。有过错的一方应当赔偿对方因此所受到的损失,双方都有过错的,应当各自承担相应的责任。

专家支招:

本案中,中介公司由于对房屋属于"凶宅"的事实,事先并不知情,不存在隐瞒和欺诈行为,无需承担相应的法律责任,已经支付的中介费用无需返还;出卖人李先生隐瞒了房屋属于"凶宅"的事实,对于合同的订立存在欺诈行为,致使双方之间的买卖合同属于可撤销的合同。合同撤销后,高女士应当将房屋返还李先生,李先生应当返还高女士的购房款及其利息。同时,因为李先生属于过错方,还应当赔偿高女士因此而受到的损失。

房屋买卖应当是一件非常慎重的事情。房屋的居住安全,既包括居住环境、居住地点的安全,同时也包括居住心理的安全。因此,为了保证买到称心的房屋,买受人除了要实地看房外,还可以通过和周围的邻居、小区保安等了解房屋的状况,也可以向当地派出所了解情况,确保房屋不存在瑕疵。

75.共有人出卖继承所得的房屋,合同的效力如何?

案例:

张某华和张某实是姐妹关系。2008 年 1 月,张某华和张某实的父母相继去世,留有一套面积为 66 平方米的住宅。父母去世后,两人并未对该房子做出继承分割,房产证仍然是父亲的名字。该房子一直由张某实居住。2008 年 2 月 14 日,张某实在未征得张某华同意的情况下,擅自将该房屋卖给了丁某。双方签订了二手房买卖合同。后来,张某华得知此事后,主张房屋买卖合同无效。

专家解析:

案例中涉及以下几个问题:

一是,房屋属于遗产,在遗产分割前,房屋的所有权归谁所有? 根据法律规定,继承开始后财产分割以前,遗产归继承人共同共有。

二是,共同共有人一方擅自处分财产,行为是否有效? 最高人民法院《关于贯彻执行〈民法通则〉若干问题的意见(试行)》第八十九条的规定:共同共有人对共有财产享有共同的权利,承担共同的义务。在共同共有关系存续期间,部分共有人擅自处分共有财产的,一般认定无效。但第三人善意、有偿取得该财产的,应当维护第三人的合法权益;对其他共有人的损失,由擅自处分共有财产的人赔偿。《合同法》第五十一条规定:无处分权的人处分他人财产,经权利人追认或者无处分权的人订立合同后取得处分权的,该合同有效。

那么,案例中的买方是否属于善意第三人? 所谓善意第三人,强调的是第三人是善意的,对于无权处分行为不知情而且不应当知情。案例中,卖方并非房屋的所有权人,也没有取得所有权人的授权,无法提供房屋产权证等证明,对于卖方属于无权处分行为,受让人应当知情,所以,不能认定卖方为善意第三人。

专家支招:

本案中,张某实属于无权处分行为,而丁某也不能适用善意第三人，张某实对于房屋的买卖行为在没有得到共同共有人张某华的追认的情况下，合同是无效的。

在房屋买卖过程中，如果房屋属于共同共有的财产，一方单独的处分行为属于无效行为。处分共有财产，必须有全体共有人的授权委托书才可以，即使共同共有人之间具有夫妻、父子等近亲属的关系，也必须出具相应的授权委托书，以保证交易行为的有效性。

76.共同共有人的优先购买权和承租人的优先购买权同时存在，哪个优先？

案例：

王先生和王女士是兄妹关系。2005年5月，两人合伙购买了一个两层的商业网点。双方约定，各自占有该商业网点50%的份额，网点的一层归王先生所有，网点的二层归王女士所有。对于网点出租所得，也由双方平分。2005年6月，赵某承租了该商业网点用于酒店经营，租赁期限为5年。2009年6月，王先生因急需用钱，准备将自己所有的网点的一层出卖。王先生找到王女士，打算以100万的价格把网点的一层卖给她。王女士觉得有些贵，没有同意。王先生找到赵某，赵某说，如果能以90万元的价格出售，自己马上可以支付全款。王先生同意了赵某提出的价格，双方签订了买卖合同，并办理了房屋过户手续。后王女士知道后，表示90万元的价格自己也愿购买，而且自己享有优先购买权。赵某认为自己是承租人，同样享有优先购买权。因协商不成，王女士起诉到人民法院,主张王先生和赵某之间的买卖合同无效。

专家解析:

所谓共有人的优先购买权,是指共有人的财产有偿转让给第三人时,其他共有人在同等条件下,依法享有优先购买的权利。我国《民法通则》第七十八条第三款规定:"按份共有财产的每个共有人有权将自己的份额分出或者转让。但在出售时,其他共有人在同等条件下,有优先购买的权利。"最高人民法院《关于贯彻执行〈民法通则〉若干问题的意见》第九十三条规定:"共同共有财产分割后,一个或者数个原共有人出卖自己分得的财产时,如果出卖的财产与其他共有人分得的财产属于一个整体或者配套使用,其他原共有人主张优先购买权的,应当予以支持。"我国《物权法》第一百零一条规定:"按份共有人可以转让其享有的共有的不动产或者动产份额。其他共有人在同等条件下享有优先购买的权利。"

所谓房屋承租人的优先购买权,是指当出租人出卖房屋时,承租人在同等条件下,依法享有的优先于其他人购买房屋的权利。最高人民法院《关于贯彻执行〈民法通则〉若干问题的意见》第一百一十八条规定"出租人出卖出租房屋,应提前三个月通知承租人,承租人在同等条件下,享有优先购买权,出租人未按此规定出卖房屋的,承租人可以请求人民法院宣告该房屋买卖无效"。我国《合同法》第二百三十条规定:"出租人出卖租赁房屋的,应当在出卖之前的合理期限内通知承租人,承租人享有以同等条件优先购买的权利。"

当在同一个房屋上同时存在共同共有人的优先购买权和承租人的

优先购买权,如何处理?哪一个优先?结论是:共有人的优先购买权优先于承租人的优先购买权。根据物权对于债权的优先效力,在同一标的物上物权与债权并存时,物权优先于债权实现,物权具有优先于债权的效力。物权人应优先行使其权利,而债权人只有在物权人满足其权利要求后,方能主张自己的权利。共同共有是基于物权而产生的,承租人优先购买权是基于租赁合同这一债权而产生的。因此,共有人的优先购买权应具有优于承租人优先购买权的法律效力。当这两种优先权相冲突时,共有人的优先购买权优先于承租人的优先购买权,首先应得到保护和支持。需要注意的是,这里强调的优先购买权,必须是在同等条件下。

那么,共同共有人的优先购买权的实现是否可以对抗承租人的租赁权?我国《合同法》第二百二十九条规定:"租赁物在租赁期间发生所有权变动的,不影响租赁合同的效力。"最高人民法院《关于贯彻执行〈民法通则〉若干问题的意见》第一百一十九条第二款规定:"私有房屋在租赁期间,因买卖、赠与或者继承发生房屋产权转移的,原租赁合同对承租人和新房主继续有效。也就是说,共同共有人优先购买权的实现不能影响承租人租赁权的实现。

专家支招:

本案中,王女士作为共同共有人的优先购买权优先于赵某作为承租人的优先购买权。因此,在同等条件下,王女士应当优先购买王先生转让的共有份额。王女士依此主张王先生和赵某之间的买卖合同无效是应当得到法院支持的。王女士取得房屋所有权,不能解除与赵某的租赁合同,赵某有权继续租赁该房屋直至租赁期限届满。

77.签订合同先租后卖，是否可以合理避税？

❈ ❈ ❈

案例：

2011年，赵某准备购买一套婚房。通过一家中介的介绍，看好了位于某市中心的一套二手房，房屋位置、价格等各方面都比较满意。唯一美中不足的就是，该二手房是2008年5月购买的，因为营业税的问题，赵某有些犹豫。中介公司给赵某出主意：让双方以先租后卖的方式购买房屋。2011年4月30日，赵某接受了中介公司的建议，和卖方签订了协议。双方约定：房屋总价款为93万元，合同签订之日支付30万元，双方于2013年5月办理房屋过户手续，在办理房屋过户手续之前，由赵某以每月4000元的价格先行租用该房屋。办理过户手续之日，扣除首付款和租金，赵某一次性支付房屋余款。

请问：通过先租后买的方式能否达到合理避税的目的？对于买卖双方是否有利？

专家解析：

《关于调整个人住房转让营业税政策的通知》（财税〔2011〕12号）规定：个人将购买不足5年的住房对外销售的，全额征收营业税；个人将购买超过5年（含5年）的非普通住房对外销售的，按照其销售收入减去购买房屋的价款后的差额征收营业税；个人将购买超过5年（含5年）的普通住房对外销售的，免征营业税。普通住房和非普通住房的判断标准是什么？根据《国务院办公厅转发建设部等部门关于做好稳定住房价格工作意见的通知》（国办发[2005]26号）规定，享受优惠政策的住房原则上应同时满足以下条件：住宅小区建筑容积率在1.0以上、单套建筑面积在120平方米以下、实际成交价格低于同级别土地上住房平均交易价格1.2倍以下。

实践中，对于个人购买不超过五年的二手房交易，营业税成了最为纠结的问题。那么，通过先租后买的方式是否可以达到合理避税的目的？虽然从表面上看，先租后买的方式规避了国家关于营业税的相关规定，但是却在无形中加大了购房者的风险。

首先，买受人无法直接获得房屋的所有权。按照我国《物权法》第九条的规定：不动产物权的设立、变更、转让和消灭，经依法登记，发生效力；未经登记，不发生效力，但法律另有规定的除外。也就是说，房屋采取的是登记要件主义。当买受人选择先租后买的方式购买二手房时，买受人无法在第一时间取得房屋的所有权。

在买受人无法取得房屋所有权的情况下，新的风险随之而来。一种风险是，在所谓的房屋租赁期间，国家的房地产税收政策可能会做出新的调整，买受人避税的目的仅仅是一种期待性质的，未必能够真正实现。第二种风险是，正因为房屋的所有权转移采取登记主义，房地产价格的上涨，出卖人极有可能在买受人不知情的情况下将该房屋再行出卖给善意的第三人。买受人对房屋的物权无法实现。第三种风险是，在办理房产过户手续之前，房屋的所有权人仍然是出卖人，出卖人有可能会在该房屋上设定抵押权等担保物权，抵押权人对该房屋又享有了优先受偿权。

专家支招：

正是基于上述先租后买的方式购买二手房的潜在风险，不建议买受人采取这样的方式避税。

78.公证买卖在先，房屋过户在后，是否可以合理避税？

案例：

2011年3月，孙先生在某房产中介看好了位于北京市朝阳区的一套二手房，在中介公司的安排下，孙先生经过看房，以及和出卖人李女士协商，双方初步达成成交价格是230万元。孙先生准备和李女士签订买卖合同时，李女士告诉孙先生，这套房子自己是在2007年5月买的，未满5年。《关于加强住房营业税征收管理有关问题的通知》（国税发200674号）文件中明确规定：购房未满5年需征收5%的营业税。孙先生有些犹豫。这时，中介公司给孙先生出了一个主意，让孙先生和卖方先签房屋买卖合同，约定房屋价格。说明房屋归孙先生所有，孙先生把购房款交一部分给卖方，5年后再去办理过户手续，这样就可以"合理避税"。孙先生接受了中介公司的建议，孙先生和李女士签订了买卖合同，约定房屋价款为230万元，孙先生在合同签订之日缴纳首付款100万元，同时缴纳定金30万元。合同签订后，孙先生按照合同的约定缴纳了首付款和定金。双方到公证部门办理了公证手续。2012年5月，孙先生找到李女士要求办理房产过户手续，遭到李女士拒绝。李女士表示愿意双倍返还定金和孙先生的首付款，不再继续履行合同。

专家解析：

首先,我们来看一下,买卖双方的买卖合同是否有效？买卖双方之间关于房屋买卖合同，意思表示真实，而且没有违反国家的强制性规范,属于有效合同。

其次,我们看一下,李女士是否有权拒绝履行合同？《合同法》第一百零七条规定：当事人一方不履行合同义务或者履行合同义务不符合约定的,应当承担继续履行、采取补救措施或者赔偿损失等违约责任。第一百零八条规定：当事人一方明确表示或者以自己的行为表明不履行合同义务的，对方可以在履行期限届满之前要求其承担违约责任。《担保法》第八十九条规定：当事人可以约定一方向对方给付定金作为债权的担保。债务人履行债务后,定金应当抵作价款或者收回。给付定金的一方不履行约定的债务的,无权要求返还定金；收受定金的一方不履行约定的债务的,应当双倍返还定金。李女士已经明确表示拒绝履行合同,并主动返还首付款,同时承担双倍返还定金的罚则,李女士的行为是符合法律规定的。

最后,我们来看一下,公证买卖在先,房屋过户在后,是否可以合理避税？这种以避税方式购买房屋的行为风险很大。买受人的本意是减少税款,结果却可能以对方违约、自己竹篮打水一场空为代价。因为房屋属于不动产,不动产的所有权以登记为要件。公证在先过户在后,很可能发生因房屋价格上涨,出卖人宁愿承担合同的违约责任也不办理过户的现象。

专家支招：

本案中,双方签订的房屋买卖合同真实有效。李女士表示不再继续履行合同,并愿意双倍返还定金并返还首付款,符合《合同法》的相关规定。

因房地产市场价格变动比较大,影响因素比较多。为了规避营业税而将自己置于房屋过户的风险之上,对于购房者而言有些得不偿失。

79.夫妻假离婚,是否可以合理避税?

案例:

严先生和林女士是夫妻,二人在北京市共有三套住房。看到北京的房价不断上涨,二人决定出卖其中的两套房屋。经了解,如果以夫妻名义将财产出卖的话,个人所得税比较高,而以个人名义出卖,个人所得税相对比较低。二人商量,为了少缴纳个人所得税,双方决定通过离婚的方式,每人获得一套房屋,再以自己的名义出售房屋,等到房屋卖出后再行复婚。双方办理了协议离婚手续。后双方名下的房产顺利出让。当林女士找严先生商议复婚事宜时,遭到了严先生的拒绝。无奈之下,林女士向法院提起诉讼,以双方规避税收为由,要求确认两人离婚协议无效。

专家解析:

《婚姻法》第二条规定:实行婚姻自由、一夫一妻、男女平等的婚姻制度。第三十一条规定:男女双方自愿离婚的,准予离婚。双方必须到婚姻登记机关申请离婚。婚姻登记机关查明双方确实是自愿并对子女和财产问题已有适当处理时,发给离婚证。第三十五条规定:离婚后,男女双方自愿恢复夫妻关系的,必须到婚姻登记机关进行复婚登记。根据法律规定,婚姻自由,既包括结婚自由也包括离婚自由。无论基于什么样的理由和目的,双方当事人通过协议离婚,婚姻登记机关应当查明双方是否自愿以及子女和财产问题是否处理妥当。所以,双方当事人办理完协议离婚手续,应当视为双方当事人自愿离婚。当事人离婚后,只能通过正常的复婚登记手续才能恢复婚姻关系。

专家支招:

本案中,林女士的诉讼请求不能得到法院的支持。因为当时无论出于什么样的目的和事由,林女士对于离婚都是自愿的。同时根据最高人民法院《关于适用〈中华人民共和国婚姻法〉若干问题的解释(二)》第九条第二款规定:人民法院审理后,未发现订立财产分割协议时存在欺诈、胁迫等情形的,应当依法驳回当事人的诉讼请求。因此,法院只能驳回林女士的诉讼请求。实践中,单纯地为了避税,采取假离婚的方式,风险极大,是非常不明智的。对于当事人而言,往往会造成赔了夫人又折兵的后果。虽然避税的目的达到了,但因为是假离婚,所以在分割共有财产时肯定缺少考虑,而且事后一方当事人如果为了私利不复婚,另一方的权益很难得到维护。

80.典当抵押,是否可以合理避税?

案例:

钱先生从汪先生那里购买了一套二手房,双方商定的房屋价格为96万元。汪先生为了逃避缴纳税款,经过和钱先生商定,双方没有签订房屋买卖合同,而是签订了一份抵押典当合同。合同中约定,汪先生以96万元的价格把房屋典当给钱先生,典当期限为1年,如在典当期限内汪先生没有赎回房屋,房屋所有权归钱先生所有。典当合同签订后,钱先生占有了房屋。后由于房屋价格上涨，汪先生后悔，要求返还96万元，并立即收回房屋。

专家解析：

首先，我们来了解一下什么是典当合同？国家经贸委《典当行管理办法》已经正式将其纳入我国典当行新的经营范围之内，允许典当行涉足这一领域。该办法第二十二条第三款规定：典当行可以经营"房地产抵押典当业务"。也就是说，房地产典当其实是房地产抵押业务。

接下来，我们来分析一下典当合同和房屋买卖合同的区别。两者最本质的区别在于房屋买卖合同实现的是物权，而典当合同只是债权的担保。就典当合同而言，在典当期间，卖方反悔，可以随时通过返还本金的方式收回房子。买受人对房屋的物权关系根本得不到保障。

专家支招：

通过典当抵押来避税，在实践中，对于买受人是极为不利的。一方面，典当抵押的避税，是为出卖人节省的营业税，而另一方面，典当抵押导致物权不能实现的风险却要由买受人来承担。在典当抵押中，出卖人因房价上涨等原因要求收回房屋时，买受人哑巴吃黄连，有口难辩。因此，从买受人的角度，坚决反对以典当抵押的方式来避税。

81. 如何提防中介公司"一房二卖"问题？

案例：

张某准备在沈阳市皇姑区购买一处学区房，找到某中介进行了购房登记。过了两天，该中介公司的经纪人李某打电话说有一套比较符合张某要求的房屋出售。张某按照李某约定的时间来到中介公司,李某告知张某,该房屋的所有权人丁某和中介公司签订了全权授权委托书,委托中介公司出售该房屋,并向张某出示了丁某的房屋产权证书和全权授权委托书。张某在李某的陪同下看了房屋之后非常满意。张某和中介公司签订了《房屋买卖居间服务协议》,约定房屋总价款80万元,定金5万元,首付款10万元,居间服务费1万元。张某按照约定将定金和首付款交付给中介公司。张某准备按照合同约定办理房屋过户手续时,中介公司告知,丁某不想出卖该房屋了,并准备返还定金和首付款。张某找到房主丁某后得知,该房屋已由该中介公司在张某之前卖给了王女士,并且已经办理了产权过户手续。张某以中介公司欺诈为由,将中介公司告上法庭,要求中介公司返还居间服务费1万元、首付款10万元并双倍返还定金。问:张某的诉讼请求能否得到法院的支持?

专家解析:

本案中,买受人和中介公司之间属于居间服务法律关系。中介公司"一房二卖",目的就在于利用居间的法律地位,利用买卖双方信息不对称的弊端,隐瞒或者欺骗一方当事人,从而多赚取居间服务费。根据《合同法》第四百二十五条规定:"居间人应当就有关订立合同的事项向委托人如实报告。居间人故意隐瞒与订立合同有关的重要事实或者提供虚假情况,损害委托人利益的,不得要求支付报酬并承担损害赔偿责任。"

专家支招:

本案中,中介公司在将委托人的房屋出卖给第三方的情况下,故意隐瞒该事实,将房屋出卖给张某,又以出卖人反悔为理由,骗取居间服务费,违反了居间法律关系中的诚信义务,损害了买受人的利益,根据相关法律规定,不得要求支付报酬并承担损害赔偿责任,因此,本案中,张某的诉讼请求能够得到法院的支持。

实践中,购房者要保持高度的警惕和谨慎心理。即使出卖人和中介公司属于全权委托关系,为保护自身利益,在看房、谈价格等环节可以由中介公司负责,而签订买卖合同环节,必须要求出卖人到场,签订书面的买卖合同,明确双方的权利义务,避免中介公司从中"渔翁得利",损害双方利益。

82.假"赠与",真"买卖",是否可以合理避税?

❖ ❖ ❖

案例:

张某于 2007 年 1 月在北京市海淀区以 85 万元的价格购买了一套住宅。2009 年 3 月,张某做生意急需用钱周转,张某决定卖掉该房屋。因该房屋购买不足 5 年,根据《关于加强住房营业税征收管理有关问题的通知》(国税发 200674 号)文件中明确规定:购房未满 5 年需征收 5%的营业税。张某正为营业税的事情发愁。这时候,张某的一个远房亲戚刘某为了孩子上学正准备在海淀区购买一套房屋,刘某对张某准备出售的房屋比较满意,准备购买。张某和刘某商量,为了避免高额的营业税,双方签订赠与合同而非买卖合同,双方办理了公证。合同签订后,刘某迟迟没有支付购房款。张某催要房款时,刘某表示,该房屋是张某赠与自己的,拒绝支付购房款。

专家解析:

案例中,虽然实质上为买卖行为,但双方当事人实际上签订的是赠与合同。《合同法》第一百八十五条规定:赠与合同是赠与人将自己的财产无偿给予受赠人,受赠人表示接受赠与的合同。第一百八十六条规定:赠与人在赠与财产的权利转移之前可以撤销赠与。具有救灾、扶贫等社会公益、道德义务性质的赠与合同或者经过公证的赠与合同,不适用前款规定。第一百八十八条规定:具有救灾、扶贫等社会公益、道德义务性质的赠与合同或者经过公证的赠与合同,赠与人不交付赠与的财产的,受赠人可以要求交付。

那么,如果出卖人有证据证明双方之间属于"假赠与实买卖",赠与合同的效力如何?《合同法》第五十二条规定:有下列情形之一的,合同无效:(一)一方以欺诈、胁迫的手段订立合同,损害国家利益;(二)恶意串通,损害国家、集体或者第三人利益;(三)以合法形式掩盖非法目的;(四)损害社会公共利益;(五)违反法律、行政法规的强制性规定。"假赠与实买卖"的行为,属于双方当事人恶意串通,损害国家税收利益的行为,应当被确认为无效合同。

专家支招:

本案中,如果张某没有证据证明自己和刘某之间属于"假赠与实买卖"的关系,那么,双方之间经过公证的赠与合同合法有效,而且不可撤销,张某需要向刘某交付房屋并办理过户手续。如果张某有证据证明自己和刘某之间属于"假赠与实买卖",那么双方之间的赠与合同属于无效合同。

实践中，"假赠与实买卖"的方式避税是不可取的。一方面，这种行为面临着因恶意串通而无效的风险；另一方面，出卖人也面临着"假戏真做"，无偿履行赠与义务的风险。同时，特别提醒大家，房屋买卖过程中要特别注意证据意识，以便最大限度保证自己的合法权益。

第四篇

特殊房屋买卖

83.经济适用房的购买条件有哪些?

案例:

丁某从四川老家到北京打工多年。丁某的户口一直在四川农村老家。丁某想在北京购买一处经济适用房,是否符合经济适用房的购买条件?

专家解析:

《经济适用住房管理办法》第二十五条规定:城市低收入家庭申请购买经济适用住房应同时符合下列条件:(一)具有当地城镇户口;(二)家庭收入符合市、县人民政府划定的低收入家庭收入标准;(三)无房或现住房面积低于市、县人民政府规定的住房困难标准。经济适用住房供应对象的家庭收入标准和住房困难标准,由市、县人民政府根据当地商品住房价格、居民家庭可支配收入、居住水平和家庭人口结构等因素确定,实行动态管理,每年向社会公布一次。

专家支招:

本案中,丁某由于不具备北京城镇户口,不符合经济适用房的购买主体资格,无法在北京申请购买经济适用房。

经济适用房是政策性很强的房屋类别。买受人在打算购买经济适用房时,一定要到相关部门了解经济适用房的购买条件,避免徒劳。

84.父母借子名义购经适房，儿子反悔拒过户，如何认定房屋所有权？

❋　❋　❋

案例：

原告刘某、李某诉称，2001年二原告欲购置位于昌平区天通苑小区的房屋。但由于年事已高，行动多有不便，为了方便办理购房时所需的手续，遂决定由二原告出资，委托被告代为办理购房事宜。二原告一次性支付了全额购房款并缴纳了相关费用后搬入诉争房屋内居住至今。2007年原被告签订了备忘录，说明了二原告委托被告购房一事的详细经过，并在该内容中明确了该房屋产权归二原告所有。2009年二原告想将该房屋过户至自己的名下，但被告却反悔，拒不予以配合。故请求确认诉争房屋归二原告所有，并责令被告配合办理过户手续。

被告刘某辩称，钱是我父母出的，但是产权证是我的名字，父母是用的我的经济适用房资格，故此房归我。

法院认为，被告刘某已取得购买经济适用住房的资格，该购买资格具有专属性，争议房屋登记在被告刘某的名下，故刘某为争议房屋的所有人。不动产物权的设立、变更、转让和消灭，经依法登记，发生效力，不动产权属证书是权利人享有该不动产物权的证明。二原告以其实际出资和针对房屋所有权有备忘录为由，认为其二人为争议房屋所有权人，于法无据，法院不予采信。

专家解析：

参照《国务院关于进一步深化城镇住房制度改革加快住房建设的

通知》《经济适用住房管理办法》等规定,经济适用住房是指政府提供政策优惠,限定建设标准、供应对象和销售价格,具有保障性质的政策性商品住房。经济适用住房是解决特殊人群住房这个基本民生的重要政策制度,这一政策待遇只能由符合条件的特殊对象才能享受,即经济适用住房的购买人必须满足国家规定的条件。也就是说,经济适用房的购买人具有专属的性质。

针对房屋所有权有备忘录和实际出资的法律效力如何?根据《物权法》第九条规定:不动产物权的设立、变更、转让和消灭,经依法登记,发生效力;未经登记,不发生效力,但法律另有规定的除外。根据该法律规定,不动产物权采用的是登记要件主义原则,无论是不动产的设立、变更、转让还是消灭,都必须履行相应的登记手续。也就是说,除了登记以外的其他行为,都不能产生不动产物权的变更。

专家支招:

因为经济适用房所有人的专属性质,除了符合国家规定的经济适用房购买条件的,其他人无法享受到经济适用房的政策。除了备案登记之外的行为,都无法对抗不动产物权的登记。

85.经济适用房"一房二卖"如何处理?

案例:

2005 年,于先生凭《个人购买经济适用住房资格认定通知单》与某房地产开发公司签订了一份《经济适用住房买卖合同》,申购了该开发公司负责开发建设的一套经济适用住房。合同约定，开发商应当在合同签订之日起三个月内向于先生交付房屋。但三个月后，于先生发现开发商已于 2004 年将该套经济适用房出卖给他人，并签订了《房屋买卖合同》。于先生多次和开发商交涉调换房屋或者赔偿事宜，均未能和开发商达成一致。于先生将开发商告上了法庭，除了要求开发商返还已付购房款及其利息、赔偿损失外，还要求适用最高人民法院《关于审理商品房买卖合同纠纷案件适用法律若干问题的解释》，请求法院判令开发商承担已付购房款一倍的惩罚性赔偿责任。

专家解析：

首先，我们来看一下经济适用房的性质。经济适用房是否属于"商品房"？经济适用房不同于商品房。首先，经济适用房的用地通过划拨方式取得，而商品房的建设用地通过出让方式取得；其次，经济适用房的所有权人享有有限产权。也就是说，经济适用房不能像商品房一样，在社会上自由流通、自由买卖。经济适用房是独立于商品房之外的一种特殊性的政策性房屋类型。

其次，我们来看一下经济适用房纠纷的法律适用。最高人民法院《关于审理商品房买卖合同纠纷案件适用法律若干问题的解释》第一条明确规定：本解释所称的商品房买卖合同，是指房地产开发企业（以下统称为出卖人）将尚未建成或者已竣工的房屋向社会销售并转移房屋所有权于买受人，买受人支付价款的合同。根据该规定，该解释仅适用于商品房买卖，不能适用于经济适用房买卖。经济适用房买卖的纠纷只能适用《合同法》等基本的、通用的法律。

专家支招：

本案中，开发商对于经济适用房的"一房二卖"只能适用《合同法》

的相关规定,追究开发商的法律责任。《合同法》第一百零七条规定:当事人一方不履行合同义务或者履行合同义务不符合约定的,应当承担继续履行、采取补救措施或者赔偿损失等违约责任。

86.经济适用房房号是否可以转让?

案例:

2006 年 9 月 25 日,原告李某与被告王某签订了《经济适用房买卖合同》一份,约定王某将自己在朝阳区垡头地区翠城经济适用房 E 区范围内部分住房的购买权转让给原告,原告一次性向王某支付人民币 8 万元整,作为将购买经济适用房名额转让给原告的补偿。原告向王某支付了房号转让金 8 万元。此后,原告又向联系人被告邢某支付了转让金 23000 元。邢某向原告出具了内容为"今收到李×购买翠城经济适用房转让费 2.3 万元,大写:贰万叁仟元整"的收据一张。原告在与王某签订《经济适用房买卖合同》前未经过有关部门的购房资格审查,后原告拿着转让的房号去购买房子时遭拒。原告现起诉至法院要求确认其与王某签订的《经济适用房买卖合同》无效,王某、邢某返还原告房号转让金。

发展经济适用住房是为了建立适应社会主义市场经济体制和我国国情的住房供应体系,加快住房建设,促使住宅业成为新的经济增长点,不断满足中低收入家庭日益增长的住房需求。经济适用住房的用地实行行政划拨的方式,享受政府的扶持政策,以微利价格向中低收入家庭出售。中低收入家庭购买新建的经济适用住房实行申请、审批制度。在我国，经济适用住房的购买有严格的条件限制，购买人必须符合相关的条件并且在购买房屋后的一定的年限内不得出售。随着经济适用住房制度的不断完善，这些条件还将更加严格。本案中，不仅原告尚未取得相应的购房资格，且转让者王某也尚未实际取得确定的房屋。王某将购房权私自转让给没有购房资格的原告的行为，已经违反了我国关于购买经济适用住房的相关规定，客观上也损害了社会公共利益，妨碍了其他符合购房条件人的购买权。依据《合同法》的规定，违反法律、行政法规的强制性规定的合同及损害社会公共利益的合同无效。

本案中原告与王某之间所签订的《经济适用房买卖合同》违反了法律、行政法规的强制性规定，且损害了社会公共利益，故被法院认定为无效。判决转让者王某返还原告购房名额转让金8万元、联系人邢某返还原告购房名额转让金23000元。

专家解析：

只有合法的民事权利才能受到法律保护。经济适用住房是国家为保障特定人群的居住权而提供的政策性商品房，国家对该类房屋的上市交易有特殊的规定和限制。《经济适用住房管理办法》第二条规定：本办法所称经济适用住房，是指政府提供政策优惠，限定套型面积和销售价格，按照合理标准建设，面向城市低收入住房困难家庭供应，具有保障性质的政策性住房。本办法所称城市低收入住房困难家庭，是指城市和县人民政府所在地镇的范围内，家庭收入、住房状况等符合市、县人民政府规定条件的家庭。根据该规定，经济适用房的购买主体具有特定性。

根据《合同法》第五十二条规定：有下列情形之一的，合同无效：（一）一方以欺诈、胁迫的手段订立合同，损害国家利益；（二）恶意串通，损害国家、集体或者第三人利益;(三)以合法形式掩盖非法目的;(四)损害社会公共利益;(五)违反法律、行政法规的强制性规定。第五十八条:合同无效或者被撤销后,因该合同取得的财产,应当予以返还;不能返还或者没有必要返还的,应当折价补偿。有过错的一方应当赔偿对方因此所受到的损失,双方都有过错的,应当各自承担相应的责任。

具有经济适用房购买资格的主体和不具有经济适用房购买资格的主体之间签订的经济适用房房号转让的协议,违反了《经济适用住房管理办法》的强制性规定,妨碍了其他符合购房条件人的购买权的实现,损害了社会公共利益,因此合同无效。

专家支招:

本案中,双方所签订的合同违反了国家关于经济适用住房买卖的强制性规定并损毁了社会公共利益,该合同应视为无效。

经济适用房的购买主体具有特定性,审批程序也非常严格。不符合条件的购房者不要抱着侥幸的心理,从他人手中购买经济适用房的房号,这只会是聪明反被聪明误,赔了夫人又折兵。

87.《经济适用房管理办法》出台前的经济适用房买卖是否有效?

案例:

原告付某某于 2002 年 3 月 5 日从北京顺天通房地产开发有限责任公司处购买了位于昌平区东小口镇某小区的房屋,该房屋属于经济适用住房,同年 3 月 11 日该房屋取得房屋使用权证书。2003 年 1 月 12

日,原告付某某(甲方)与被告邹某某(乙方)签订《协议书》一份,约定:甲方将坐落在昌平区东小口街道某小区的房产一处卖给乙方,甲方向乙方收取人民币 137425.83 元。甲方同意乙方用甲方名义继续做银行按揭,乙方自协议签字之日起应按期向银行还款。否则,引起的后果应由乙方自行承担。甲方在收取上述费用的同时,需将上述费用的相关文件票据交与乙方。甲方应在乙方还清银行贷款后协助乙方办理过户手续,过户时所发生费用全部由乙方承担。乙方于 2003 年 1 月 17 日向甲方付人民币 100000 元整,余款于 2003 年 5 月 1 日前付清,以甲方收据为准。协议签订当天,付某某向邹某某交付了该房屋并将协议中约定的相关文件票据交与邹某某。邹某某向付某某一次性给付了购房款及其他费用共计 137482.30 元,邹某某入住后对该房屋进行了装修。自 2003 年 1 月起邹某某开始以付某某的名义偿还房屋按揭贷款直至 2007 年 10 月份,2007 年 11 月付某某将该房屋剩余贷款本金及利息共计 195964.67 元一次性还清。

原告付某某提起诉讼,要求:1.判令付某某与邹某某签订的房屋买卖合同无效;2.要求被告邹某某将坐落于北京市昌平区东小口街道天通苑 1306 号楼 1 单元 6 层 2 号房屋腾退返还付某某;3. 请求判令邹某某支付房屋使用费 116000 元;4.本案诉讼费用由邹某某承担。

邹某某在一审提出反诉。邹某某已向付某某付清了前期房款及各项费用共 137482.30 元,房屋已经交付,邹某某一直居住,并交付各项费用。现该房屋的按揭款因付某某恶意还款已全部付清,依据双方签订的房屋买卖《协议书》第四条的规定,付某某应协助邹某某办理房屋过户手续,要求:1.判令邹某某给付付某某所交纳的银行贷款 195964.67 元后,付某某履行协议办理房屋过户手续的义务;2.本案诉讼费用由付某某承担。

专家解析：

首先,我们来看一下双方当事人的买卖合同的法律适用效力问题。案例发生的时间为 2003 年 1 月 12 日,关于经济适用房的部门规章《经济适用房管理办法》于 2004 年公布实施。那么,该规章对于买卖关系是否适用? 法律的一个基本要求就是不得溯及既往,也就是说,"不能用今天的法律惩罚昨天的行为"。《经济适用房管理办法》对于其公布实施以前的行为不具有法律效力。同时,"法不禁止即为自由"。双方当事人签订《协议书》,是双方真实意思的表示,且签订《协议书》时并没有禁止经济适用住房再上市转让或对被转让人资格限制的相关规定,没有相关的法律、法规和规章对转让行为作出规范,故该协议书应为合法有效,那么买卖双方之间的买卖行为就是法律所允许的,是合法有效的。当事人只要遵守一般的民事法律行为的基本法律规范即可,即遵守《民法通则》《合同法》等基本法律法规。

接下来,在判定双方当事人之间的买卖合同合法有效的基础上,我们来分析一下双方的权利义务问题。《合同法》第六十条规定:当事人应当按照约定全面履行自己的义务。买卖双方应当在合同约定的范围内,全面诚信地履行自己的义务。

专家支招：

本案中, 买方和卖方应当按照合同的约定继续履行自己尚未履行的义务,卖方有付清房屋余款的义务,买方有协助卖方办理过户手续的义务。

经济适用房属于一种特殊时期的特殊现象。在买卖经济适用房时应当特别慎重。

88.《经济适用房管理办法》出台后的经济适用房买卖合同效力如何确定?

案例:

2008 年 10 月,黄某通过申请和审批,以 25 万元的价格购买了一套位于北京市通州区的经济适用房。2008 年 12 月,黄某与白某签订《房屋转让协议》,约定将该房以 40 万元的价格转让给白某。协议签订后,黄某按照合同的约定将房屋交付给白某。白某在通州区还有另外一套商品房。后因房价大涨,2009 年 8 月,黄某向法院提起诉讼,称白某不具备购买经济适用房资格,请求法院判决双方之间的房屋买卖合同无效,要求白某退还房屋,并愿意返还白某已经支付的房款本金及其利息。

专家解析:

根据建设部等七部门发布的《经济适用房管理办法》第三十条规定:经济适用住房购房人拥有有限产权。购买经济适用住房不满 5 年,不得直接上市交易,购房人因特殊原因确需转让经济适用住房的,由政府按照原价格并考虑折旧和物价水平等因素进行回购。购买经济适用住房满 5 年,购房人上市转让经济适用住房的,应按照届时同地段普通商品住房与经济适用住房差价的一定比例向政府交纳土地收益等相关价款,具体交纳比例由市、县人民政府确定,政府可优先回购;购房人也可以按照政府所定的标准向政府交纳土地收益等相关价款后, 取得完全产权。上述规定应在经济适用住房购买合同中予以载明,并明确相关违约责任。

根据该办法的规定,经济适用房在5年内不得上市交易,除因特殊原因由政府回购。超过5年的,在交纳土地收益等相关价款后,取得完全产权,即取得与商品房相同的权利。

那么该办法在法律体系中属于什么性质?法律效力如何?该办法是由中国建设部、国家发展和改革委员会、监察部、财政部、国土资源部、中国人民银行、国家税务总局等七部门联合发布的,属于部门规章。《立法法》第七条规定:全国人民代表大会和全国人民代表大会常务委员会行使国家立法权。全国人民代表大会制定和修改刑事、民事、国家机构的和其他的基本法律。第五十六条规定:国务院根据宪法和法律,制定行政法规。第七十一条规定:国务院各部、委员会、中国人民银行、审计署和具有行政管理职能的直属机构,可以根据法律和国务院的行政法规、决定、命令,在本部门的权限范围内,制定规章。第七十九条规定:法律的效力高于行政法规、地方性法规、规章。行政法规的效力高于地方性法规、规章。

接下来,我们看一下,违反该办法签订的买卖合同是否有效?根据《合同法》第五十二条的规定,"违反法律、行政法规的强制性规定",合同自始无效。这里强调的仅仅是违反"法律""行政法规"的强制性规定。也就是说,违反地方法规和规章的行为,不是合同无效的法定事由。

专家支招:

本案中,李某和黄某私下签订《房屋转让协议》,违反了《经济适用房管理办法》,但是不属于《合同法》第五十二条规定的合同无效的情形。李某和黄某在缔约时均为《民法通则》上的完全民事行为能力人,具备相应的缔结合同的行为能力。且签订《房屋转让协议》的行为系双方真实意思表示,因此,二人签订的《房屋转让协议》应合法有效。据此,在

《房屋转让协议》生效后,黄某取得该房屋的所有权,故李某无权要求黄某腾房。

89.城镇居民购买农民在宅基地上建的房屋是否有效?

案例:

2009 年 3 月 9 日,北京市第二中级人民法院的一纸终审判决终结了王、田两家围绕一所房子的纠纷。

1985 年,北京市通州区村民王鹏(化名)夫妇将其祖屋翻建为正房 5 间、西厢房 3 间。1991 年,王鹏取得了镇政府颁发的宅基地使用证。2001 年,王鹏夫妇打算卖掉房屋,赚点钱。

就在这时,家住北京朝阳区的田女士儿子准备结婚,田女士的哥嫂一家人又从新疆回京居住,房屋问题显得非常急迫,田女士想在郊区农村买一所房子以便安置两家人。

经多方打听,田女士与王鹏夫妇取得联系并协商买房事宜。2001 年 11 月,王鹏夫妇与田女士签订房屋买卖协议,约定将上述房屋卖给田女士,价款 56000 元。在田女士付了钱后,田女士一家以及田女士的哥哥一家人都搬到了这所房子里居住。

然而,让王鹏没有想到的是,从 2002 年到 2006 年,北京的房价接连上涨。看着翻了好几倍的房价,王鹏坐不住了,越来越后悔当初卖房的举动。

2006 年,王鹏夫妇以田女士是城镇居民户口、无权购买农民宅基地房屋为由向法院起诉要求确认双方签订的房屋买卖协议无效。

法院查明田女士确系城镇居民户口,而王鹏夫妇是农村户口,该房屋是在宅基地上建设的房屋。

法院审理认为,宅基地使用权是农村集体经济组织成员享有的权利,与特定的身份相联系,不允许随意转让。目前,农村私有房屋买卖中,买房人名义上是买房,实际上是买地,在房地一体的格局下,处分房屋的同时也处分了宅基地,损害了农村集体经济组织的权益。因此,法院确认双方签订的房屋买卖协议无效。

田女士不服判决,提出上诉,后经过二审法官的辨法析理,田女士撤回上诉。

一波未平,一波又起。协议无效的案件审结后,王鹏夫妇又起诉田女士及其哥哥一家人要求他们返还房屋。

由于田女士等入住后对房屋进行了内部装修,并增建西厢房三间、东厢房三间,安装了供暖设施,在院内种植树木。因此,法院委托评估公司对房屋等地上物的现值进行评估,结果为12万余元。据此,法院判决田女士及其哥哥嫂子一家人将房屋院落腾退给王鹏夫妇,王鹏夫妇给付田女士财产补偿款12万余元。判决后,田女士又不服,提出上诉,二审法院判决驳回上诉、维持原判。

打败了官司的田女士一家认为自己在买房这件事上吃了个大亏,卖房的时候王鹏夫妇明明也知道城里人不能买农村人在宅基地上建的房子,可依然卖给了自己。等房价上涨,就通过诉讼"要"回自己的房子,"便宜都被王鹏夫妇占了"。田女士一家的心里很不是滋味。而且,看着已经涨起来的房价,田女士一家更加无力买房,也想通过诉讼的方式为自己讨回点利益。

2008年4月,田女士以房屋买卖协议被确认无效的主要责任在王鹏夫妇一方,要求他们赔偿缔约过失损失款36万余元。田女士要求的缔约过失损失指的是宅基地区位价,故法院委托评估公司依法进行了评估。

法院经审理后认为，合同无效或者被撤销后，因该合同取得的财产，应当予以返还；不能返还或者没有必要返还的，应当折价补偿。有过错的一方应当赔偿对方因此所受到的损失，双方都有过错的，应当各自承担相应的责任。

王鹏夫妇与田女士所签的房屋买卖协议已依法被认定无效。考虑到王鹏夫妇作为出卖人在出卖时明知其所出卖的房屋及宅基地属于法律禁止流转范围，其在出卖房屋多年后又以违法出售房屋为由主张合同无效，故其应对合同无效承担主要责任。因此，田女士要求王鹏夫妇赔偿缔约过失损失的诉讼请求，理由正当。

对于田女士作为买受人信赖利益损失的赔偿，应全面考虑出卖人因土地升值或拆迁补偿所获利益，以及买受人因房屋现值和原买卖价格的差异所造成损失两方面因素予以确定。就本案而言，田女士要求王鹏夫妇赔偿其缔约过失损失，由于房屋等地上物的损失已依法解决，故仅考虑出卖人因土地升值或拆迁补偿所获利益的因素，参照王鹏夫妇出售房屋的宅基地区位价予以确定。

因此，法院对其合理部分予以支持——即王鹏夫妇依据评估结果给付田女士宅基地区位价的百分之七十。法院依法判决王鹏夫妇赔偿田女士信赖利益损失25万余元。

判决后，王鹏夫妇提出上诉，二审法院判决驳回上诉，维持原判。

专家解析：

首先，我们来看一下，什么是宅基地？宅基地是农村的农户或个人用作住宅基地而占有、利用集体所有的土地。《土地管理法》第八条第二款规定：农村和城市郊区的土地，除由法律规定属于国家所有的以外，属于农民集体所有；宅基地和自留地、自留山，属于农民集体所有。《物权法》第一百五十二条规定：宅基地使用权人依法对集体所有的土地享有占有和使用的权利，有权依法利用该土地建造住宅及其附属设施。宅基地的所有权属于农村集体经济组织。宅基地使用权主要有以下四个特点：1.身份性。只有拥有集体经济组织成员这一身份，才有权利享有宅基地使用权。2.无偿性，宅基地使用权农民可无偿取得。3.有限性，农村村民一户只能拥有一处宅基地，其宅基地的面积不得超过省、自治区、直辖市规定的标准。4.无使用期限限制，在理论上，宅基地使用权一旦取得，使用权人可一直使用下去。但是，如果宅基地使用权因为自然灾害等原因灭失的，村民可通过重新分配获得宅基地。

其次，宅基地及其地上建筑能否流转？关于宅基地及其地上建筑的流转是有限制的，鉴于宅基地属于农村集体所有，村民将自己的宅基地转让给本农村集体的其他成员，可以认定这种转让行为有效。城镇居民购买农民在宅基地上建设的房屋是否有效？国土资源部《关于加强农村宅基地管理的意见》的通知（国土资发[2004]234号）规定：严禁城镇居民在农村购置宅基地，严禁为城镇居民在农村购买和违法建造的住宅发放土地使用证。《国务院办公厅关于加强土地转让管理严禁炒卖土地的通知》中规定：农民的住宅不得向城市居民出售，也不得批准城市居民占用农民集体土地建住宅，有关部门不得为违法建造和购买的住宅发放土地使用证和房产证。《国土资源部关于进一步加快宅基地使用权登记发证工作的通知》中规定：（一）严格落实农村村民一户只能拥有一处宅基地的法律规定。除继承外，农村村民一户申请第二宗宅基地使用权登记的，不予受理。（二）严格执行城镇居民不能在农村购买和违法建造住宅的规定。对城镇居民在农村购买和违法建造住宅申请宅基地使用权登记的，不予受理。根据相关法律规定，城镇居民无权购买农民在宅基地上建设的房屋。

再次，我们来分析一下，宅基地的使用权人将宅基地上建设的房屋转让给城镇居民的合同效力如何？根据《合同法》第五十二条有下列情形之一的，合同无效：（一）一方以欺诈、胁迫的手段订立合同，损害国家利益；（二）恶意串通，损害国家、集体或者第三人利益；（三）以合法形式掩盖非法目的;(四)损害社会公共利益;(五)违反法律、行政法规的强制性规定。根据我们上述分析的宅基地的性质、所有权和使用权的问题,法律禁止宅基地的自由流转,城镇居民不具备购买宅基地的权利,主体资格不符,因此宅基地的使用权人和城镇居民关于宅基地上建设房屋的买卖合同属于无效合同。

最后,我们分析一下无效合同的法律后果。《合同法》第五十八条合同无效或者被撤销后,因该合同取得的财产,应当予以返还;不能返还或者没有必要返还的,应当折价补偿。有过错的一方应当赔偿对方因此所受到的损失,双方都有过错的,应当各自承担相应的责任

专家支招:

本案一波三折,全因买受人不具备受让宅基地的主体资格,最终是两败俱伤。出卖人不仅没有从卖房中获得利益,反而还要赔偿买方因为合同无效而遭受的损失。买受人虽然得到了赔偿,但是购买房屋的目的无法实现。

对于基于宅基地而形成的小产权房,属于法律有强制性规定的情况,非同一农村集体的成员,不要因贪小便宜的心理引起不必要的纠纷。

90.城镇居民购买农民拆迁安置的房屋是否有效?

案例:

2009 年 4 月 3 日,一纸终审判决让王某(化名)想收回房子再赚钱的"好梦"碎了。

事情还要从 2005 年说起。这年 12 月，王某所在的村进行旧村改造，村委会跟王某签了房屋拆迁货币补偿协议和房屋拆迁安置合同。随后，王某得到两套二居室楼房。

王某妻子曾经的同事孙林（化名），听说王某拆迁得了两套房子，就与王某协商购买其中的一套。王某一想，反正也住不了这么多房子，卖了还能赚点钱。

虽然王某是农村户口，孙林是城镇户口，但王某所在村的村委会、党支部两委班子对于村民出售拆迁所得的小产权楼房并没有作出禁止性规定，对王某卖房的事情也表示不予干涉。

2006 年 1 月，王某与孙林签订《房屋转让合同》，约定：王某为原房屋产权人（小产权）。经双方协商，产权人王某愿将本套房屋的所有权卖给孙林。本房屋的出售价格为 135000 元。本房屋属于小产权房屋，买受人应遵守当地村委会的有关制度和规定。随后，王某与孙林履行了该合同，房款两清。

哪知世事难料。房子卖了以后，当地的房价却一路飙升。

2008 年 4 月，王某以国家禁止城市居民购买农民房屋，且孙林是城市居民，故房屋转让合同属于无效合同为由，起诉要求法院确认双方签订的房屋转让合同无效，让孙林腾房。

孙某对于被诉一事认为，签订合同时，双方明知该楼房是小产权房。而且，双方签订合同时是完全自愿的，房屋已经交付完毕；经过两年的时间，该房子已经升值。孙某辩称："王某是受利益驱动才起诉我。法律不应支持这种见利忘义、背信毁约的行为。我保留进一步追究王某滥用诉权的行为给我造成经济损失的权利。"

庭审中，法官问孙某房屋的现状如何，孙某气愤地说："我买房后进行了简单装修就把房子出租了。王某想把房子要回去，我不同意，他就骚扰租房的人，说他才是真正的房东，要把租我房的人赶走。现在，租房的人都不交房租了。"

法院经审理后认为,公民合法的民事权益受法律保护,王某与孙某在签订《房屋转让合同》时,已经明知该房屋为小产权楼房;对小产权楼房是否可以转让,当地村民委员会并没有具体的限制性规定。王某与孙某在双方自愿基础上签订的《房屋转让合同》,内容并未损害国家、集体及第三方的合法权益,且双方在合同签订后,已各自履行了支付房屋价款和交付房屋的义务,该合同所约定的内容已实际履行完毕。在此情况下,王某要求确认其与孙某签订的《房屋转让合同》无效、孙某退房的请求,理由不充分,对其诉讼请求,法院不予支持。法院依据《民法通则》第五条之规定,判决驳回原告王某的诉讼请求。

一审宣判后,王某不服判决,提出上诉。二审法院经审理后,判决驳回上诉,维持原判。

专家解析:

与上一个案例不同的是,本案中的小产权房并非基于宅基地而产生,而是基于拆迁安置。

现有的法律体系中没有关于城镇居民购买此类农民小产权房的效力问题的专门法律规定。因此,对于该类问题的法律适用只能依据民法的基本原则以及相关基本法律的规定。

首先,要考虑民法的基本原则问题。《民法通则》第四条规定:民事活动应当遵循自愿、公平、等价有偿、诚实信用的原则。根据该规定,在判断合同效力的时候,首先要考虑双方是否出于自愿,意思表示是否真实,然后是否在行为过程中遵守和履行了诚实信用原则,同时也要考虑是否存在明显低价的情况。

其次,要考虑行为是否符合《合同法》中关于合同效力的规定,是否存在可变更、可撤销、解除合同或者合同无效的法定情形。《合同法》第五十二条:有下列情形之一的,合同无效:(一)一方以欺诈、胁迫的手段订立合同,损害国家利益;(二)恶意串通,损害国家、集体或者第三人利益;(三)以合法形式掩盖非法目的;(四)损害社会公共利益;(五)违反法律、行政法规的强制性规定。第五十三条:合同中的下列免责条款无效:(一)造成对方人身伤害的;(二)因故意或者重大过失造成对方财产损失的。第五十四条:下列合同,当事人一方有权请求人民法院或者仲裁机构变更或者撤销:(一)因重大误解订立的;(二)在订立合同时显失公平的。一方以欺诈、胁迫的手段或者乘人之危,使对方在违背真实意思的情况下订立的合同,受损害方有权请求人民法院或者仲裁机构变更或者撤销。当事人请求变更的,人民法院或者仲裁机构不得撤销。

在本案中,双方签订的《房屋转让合同》中明确写明"本房屋属于小产权房屋",因此,对于房屋的性质这一事实,双方属于明知,不存在欺诈或者重大误解的情形。同时,双方对于买卖房屋一事,也是自愿进行的,没有任何胁迫或者乘人之危的情形。而且,卖方在买卖合同中获利,实现了交易的目的。因此,双方之间的交易也是公平的。最后,该村村委会、党支部两委班子对于村民出售拆迁所得的小产权房并没有作出禁止性规定,表示不予干涉。也就是说,双方买卖房屋的行为没有损害国家、集体或者第三人的利益。

专家支招:

实践中,发生的类似案件多是起因于房价上涨卖方后悔,试图通过主张合同无效来追求更大的经济利益。对于买卖双方而言,民事法律活动的基本原则强调了公平,不可能使得一方的利益最大化。即使合同无效,卖方也要因此而承担相应的赔偿责任。

91. "以租代售"小产权房是否有效?

案例:

2008 年,在成都工作的小王准备买一套婚房。小王在市内的多家楼盘看了房子,也通过中介了解了二手房的情况。对于工作不久,没有太多积蓄的小王来说,这些房子的价格都是天文数字。后来,小王听说在城郊有许多价格便宜的小产权房。经过现场实地查看,小王看好了一套小产权房。但是,鉴于目前的房地产政策,城镇户口的小王又无法购买小产权房。中介机构建议采用"以租代售"的方式购买该房屋。小王在权衡之后,决定采用中介机构的建议。小王和房主签订了一份《租赁合同》,合同中约定:1.承租人承租出租人的房屋一套,房屋面积为 62.5 平方米;2.租赁期限为 70 年;3.租金合计 25 万元,于合同签订之日一次性付清。请问:"以租代售"的方式购买小产权房是否有效?

专家解析:

"以租代售"是一种典型的规避物权的行为。"租"在双方当事人之间形成的是一种债权法律关系,"售"在双方当事人之间形成的是一种物权的法律关系。

首先,应当考虑用于出租的小产权房是否合法。合法的小产权房包括两种情形:一种是农村集体组织成员在宅基地上建设的房屋;一种是农村集体组织成员因拆迁安置获得的住宅。除此之外,没有履行审批手续,占用农村集体所有的土地违法建筑的房屋,不属于合法的小产权房的范围。虽然,法律对小产权房的转让行为作出一定的限制,但是基于合法的小产权房而设立的租赁关系适用《合同法》中关于租赁合同的规定。而基于非法的小产权房而设立的租赁关系，因为租赁标的物的违法，租赁合同亦属于无效合同。

接下来，看一下"以租代售"中的租赁合同是否符合法律规定？是否受到法律的保护？《合同法》第二百一十二条规定：租赁合同是出租人将租赁物交付承租人使用、收益，承租人支付租金的合同。第二百一十四条规定：租赁期限不得超过二十年。超过二十年的，超过部分无效。根据该法律规定，"以租代售"中的租赁合同也不能完全得到法律的保护。合同中约定的租赁期限70年是违反了法律禁止性规定的，超过20年的部分无效。

这样一来，买受人（或者称之为承租人）交付了相当于房屋总价格的租金，却只能享有20年的使用权。同时，还会面临如下风险：20年后，房屋所有权人收回房屋，买受人只能得到房屋租金部分本金及其利息的赔偿，而无法要求房屋所有权人继续履行合同。

专家支招：

本案中，小王和房主签订的《租赁合同》属于部分无效的合同。双方关于租赁期限为70年的规定，超过20年的部分是无效的，不受法律保护。对于已经支付的超出法定期限部分的租金，可以请求返还。

92. 农村房屋买卖是否有效？

案例：

张某和王某同为某村村民。2009年3月14日，双方签订了买卖协议。张某将一处房产卖于王某。该房屋土地使用证上为张某的父亲张某某的名字。张某与王某签订买卖协议后,王某按约定交付了全部房款,张某将房屋腾空交给王某使用。张某搬家期间,张某某也曾经到过该房屋帮忙搬家。2010年5月,张某某以张某未经自己同意擅自出卖房屋为由,向法院提起诉讼,要求确认双方之间的买卖协议无效。问:张某以父亲的名义出卖房屋的行为如何认定? 法院能否支持张某某的诉讼请求?

专家解析:

本案当中涉及的法律问题有两个。

一是,农村的房屋能否进行买卖? 要解决这个问题的关键在于如何认定农村宅基地的法律性质及其流转问题。

首先,看一下农村宅基地的法律规定。《物权法》第一百五十二条规定:"宅基地使用权人依法对集体所有的土地享有占有和使用的权利,有权依法利用该土地建造住宅及其附属设施。"《土地管理法》第六十二条第一款规定:"农村村民一户只能拥有一处宅基地,其宅基地的面积不得超过省、自治区、直辖市规定的标准。"农村宅基地使用权有以下特点:其一,农村宅基地的所有权归集体。其二,农村宅基地使用权的主体是特定的农村居民,即属于本集体经济组织特定的成员,农村集体组织以外的人员不能申请并取得宅基地使用权。其三,农村宅基地使用权具有有限性,即宅基地原则上只能由宅基地使用权人建造住宅及附属设施,供其居住和使用。

其次,看一下宅基地转让的法律规定。《土地管理法》第六十二条第四款规定:"农村村民出卖、出租住房后,再申请宅基地的,不予批准。"国务院办公厅1999年颁布《关于加强土地转让管理严禁炒卖土地的通知》第二条规定:"农民的住宅不得向城市居民出售"。在一定程度上,宅基地具有社会福利和社会保障的功能,因而其交易也是受到限制的。根据法律规定和立法本意,宅基地的使用权的交易和流转是有条件的。

一般来说,确认农村房屋买卖合同有效应符合以下几个条件:1.转让人拥有两处以上的农村住房;2.转让人与受让人应为同一集体经济组织内部成员;3.受让人没有住房和宅基地,且符合宅基地使用权分配条件;4.转让行为已征得集体经济组织同意。

二是,张某以父亲的名义出卖房屋的行为是否有效? 张某和父亲张某某之间在房屋买卖问题上形成一种表见代理的法律关系。《民法通则》第六十六条的规定:"本人知道他人以本人的名义实施民事行为而不作否认表示的,视为同意。"合同法》第四十九条规定:"行为人没有代理权、超越代理权或者代理权终止后以被代理人的名义订立合同,相对人有理由相信行为人有代理权的,该行为有效"。根据法律规定,表见代理应当具备下列条件:(1)无权代理人并没有获得本人的授权。(2)相对人主观上须为善意、无过失。(3)无权代理人与相对人所订立的合同,本身并不具有无效和应被撤销的内容。如果具有上述因素,显然该合同应按无效和可撤销的规定处理。(4)须有使相对人相信行为人具有代理权的事实或理由。

专家支招:

本案中,张某和张某某是父子关系,张某某在张某出卖房屋后回该房屋搬家的行为表明其已经知道张某出卖房屋的事实,此时张某某没有做出否定表示,视为对买卖行为的同意,张某以其名义出卖房屋的行为构成表见代理法律关系。张某和王某同属于同一集体经济组织内部成员,对于双方关于宅基地使用权的买卖应当认定为有效。

93. 借名购买经济适用房是否有效？

❀　　❀　　❀

案例：

2005 年，北京的赵先生打算在北京购买一套经济适用房用于结婚。但因为他本身不符合购买经济适用房的条件，于是赵先生与本单位的一男同事丁某（已婚）协商，用丁某的名义申请购买经济适用房。双方签订一份协议约定：房款全部由赵先生承担。给丁某好处费 3 万元，等房产证下来后丁某无条件转让给赵先生。不久，以丁某名义申请的经济适用房交付了，按照双方的约定赵先生入住。丁某先是一直以他老婆的身份证有问题为由拖着不办理房产证。直到 2007 年 1 月，房产证终于办下来了，而且按照约定，房产证存放在赵先生手上。可之后丁某却迟迟不去办理过户手续。问：如果赵先生向法院提起诉讼，要求丁某履行合同，能否得到人民法院的支持？

专家解析：

借名购房合同的效力如何认定是很多人关心的问题。借名买房，指实际买受人不具备法律所要求的购买经济适用房等政府限制购买的特定房屋的法定条件，以他人（符合购买条件的人）名义购买房屋的情形，名义买受人和实际买受人签订合同，约定实际买受人以符合政府规定条件的人的名义买房，等到政府允许转让时再将房产过户到实际买受人名下。实际买受人支付购房款和额外一笔酬金给名义买受人。

这也是一种典型的以合法形式掩盖非法目的规避法律的民事行为。根据我国《民法通则》第七条规定："民事活动应当尊重社会公德，不得损害社会公共利益。"第五十八条规定:"以合法形式掩盖非法目的的民事行为无效,无效的民事行为从行为开始起就没有法律约束力。"《合同法》第五十二条规定:"有下列情形之一的,合同无效:(一)一方以欺诈、胁迫的手段订立合同,损害国家利益;(二)恶意串通,损害国家、集体或者第三人利益;(三)以合法形式掩盖非法目的;(四)损害社会公共利益;(五)违反法律、行政法规的强制性规定。"同时,该行为也违反了我国关于购买经济适用住房的相关规定,客观上也损害了社会公共利益,妨碍了其他符合购房条件人的购买权。

专家支招:

　　本案中,赵先生和丁某签订的房屋转让协议因为是以合法性掩盖非法目的的行为,属于无效合同。无效合同自始不发生法律效力,赵先生虽然支付了房屋的全部价款,但是无法要求丁某继续履行合同,仅仅有权利要求丁某返还当时的购房款及其利息。另外,因为丁某本身具有购买经济适用房的主体资格,丁某的经济适用房买卖合同是有效的,丁某有权取得该房屋的所有权。

　　实践中,即使是在熟人之间以合法性掩盖非法目的的买卖行为也是极具风险的,要承担法律行为无效的法律后果,最后只能是赔了夫人又折兵。

94.买卖经济适用房房号的合同是否有效?

案例:

　　2008 年 6 月,经中介公司介绍,高先生将自己回迁购买的某小区经济适用房的订房号转让给赵先生，赵先生需要支付购房号费共计6万元。双方签订了协议，在合同签订之日赵先生支付2万元，在合同签订之日起30日内赵先生付清余款4万元，购房款由赵先生负责，赵先生支付中介费用1万元。赵先生按照协议支付了购房号费6万元，并支付中介费1万元。后因房价上涨，高先生拒绝继续履行合同，并要求退还赵先生已经支付的购房号费。赵先生不同意。双方协商不成，赵先生起诉至人民法院。问：双方买卖经济适用房房号的行为是否有效？高先生是否需要继续履行合同？

专家解析：

经济适用房是国家为低收入人群提供的保障性住房，具有社会福利和公益性质。对于经济适用房的购买主体，国家有着严格的规定。如果允许私人之间擅自转让经济适用房的购买权，一方面违背了国家的强制性、禁止性规定，另一方面损害了符合经济适用房购买条件的主体的购买权。和上一个案例中的借名购买经济适用房的行为具有相同的性质，属于无效民事行为。

专家支招：

只有合法的民事权利才能收到法律的保护。本案中，赵先生和高先生买卖经济适用房房号的行为应当被认定为无效。因此，赵先生要求高先生继续履行合同的诉讼请求没有法律依据，不能得到法院的支持。